秉初心厚植课堂
谋发展丰实特色

郝岚 主编

哈尔滨工业大学出版社
HARBIN INSTITUTE OF TECHNOLOGY PRESS

图书在版编目(CIP)数据

秉初心厚植课堂 谋发展丰实特色/郝岚主编.—哈尔滨：哈尔滨工业大学出版社，2022.6
ISBN 978-7-5603-9902-7

Ⅰ.①秉… Ⅱ.①郝… Ⅲ.①中学-学校管理-概况-哈尔滨 Ⅳ.①G639.283.51

中国版本图书馆 CIP 数据核字(2021)第 274491 号

HITPYWGZS@163.COM
13936171227

秉初心厚植课堂 谋发展丰实特色
BING CHUXIN HOUZHI KETANG MOU FAZHAN FENGSHI TESE

策划编辑	李艳文 范业婷
责任编辑	孙 迪
封面设计	朱 宇
出版发行	哈尔滨工业大学出版社
社　　址	哈尔滨市南岗区复华四道街 10 号　邮编 150006
传　　真	0451-86414749
网　　址	http://hitpress.hit.edu.cn
印　　刷	哈尔滨市石桥印务有限公司
开　　本	787 毫米×960 毫米 1/16　印张 14　字数 185 千字
版　　次	2022 年 6 月第 1 版　2022 年 6 月第 1 次印刷
书　　号	ISBN 978-7-5603-9902-7
定　　价	48.00 元

(如因印刷质量问题影响阅读，我社负责调换)

编 委 会

主　编　郝　岚

副主编　战春梅　王丽巍　刘艳丽

编　委　高　阳　王　珺　赵　蕊　唐亚琴　曲　坤

　　　　　段术峰　刘　翠　王晓蕾　孙冠英　李清雪

　　　　　刘元梅　赵忠宝　魏　玲　李佳欣　唐加森

前　言

哈尔滨市实验学校坐落在"国家级新区"哈尔滨市松北区——这片处在改革和快速发展阶段的黑土地上。学校按照省级标准化示范学校建设，占地面积5.45万平方米，有教学楼、体育馆、图书馆、多功能报告厅、餐厅。学校重点建设创客空间实验室、航模实验室、机器人实验室、数学探究实验室和地理探究实验室等42间特色功能馆室。学校于2015年9月建校，由最初的36名教师、9个教学班、318名学生3437名，发展到目前230名教师、84个教学班、3437名学生，呈现出持续、健康、快速的发展态势！

作为一所九年一贯制义务教育学校，学校秉承"丰实生命　创验未来"的校本价值观，"明德　亲民　至善"的校训。以"党建初心如磐，教研玉汝于成，立德树人树魂，力做实验坚实后盾"为轴，以"一切为了学生"为线进行特色教育活动。

实验学校以"紫冰花文化体系""紫冰花课程体系""紫冰花治理体系"三大育人体系，培养正品行、求真知、怀天下的紫冰花少年！

本书通过学校的党建工作、教学工作、德育工作、研培工作、后勤工作五个篇章，阐述了学校常规特色并举的办学风格。其中，主管领导的访谈板块，通过访谈这种灵活的形式，让读者了解到学校各部门的工作情况。特色工作板块是参与各部门工作的核心教师，通过工作规划等方式阐述部门特色的工作。其他部分是教师们以相关故事展现日常工作中，最具智慧的育人理念。

常言道："不思，故有惑；不求，故无得；不问，故不知。"做教育同理，也要从思考中获益，在践行中积淀。我们全体实验人携手，一路前行新区筑梦，杏坛躬耕静待花开。

目　录

一、红色党建初心如磐　勠力同心征途如歌

以身示范　冲锋在前（访谈）

紫冰花党建筑思想高地　高质量发展创实验品牌 ………… 郝　岚　003

勤勉尽责　牢记使命（特色工作）

创新机制建党校　历练团队勇担当 ………………………… 刘艳丽　006

栉风沐雨　"红"染新区（党员故事）

一己苦乐从不诉，收得桃李满园春 ………………………… 王彦文　009

学医者仁心　践师者厚德 …………………………………… 唐亚琴　012

教育无小事　润物细无声 …………………………………… 邹本金　014

二、集大智慧玉汝于成　展实验人教学风采

深化教学工作　推进教育创新（访谈）

聚焦提升"思维"　改变追求"表现" ……………………… 王丽巍　019

精基创新，将教学落到实处 ………………………………… 曲　坤　022

国家课程的校本化表达 ……………………………………… 孙冠英　026

以质量求生存　以特色求发展（特色工作）

"云"端传艺 …………………………………………………… 赵明丽　028

校园巡课竞芬芳 ……………………………………………… 刘元梅　032

别样有序的实验教学 ………………………………………… 苏宝龙　035

秉初心厚植课堂　谋发展丰实特色

夯实课堂教学　我们在行动	薄海婧	037
以巡促教　以细提精	王晓蕾	039
实验护花人	王秋颖	041
一路践行　中考筑梦	段术峰	044
夏日芳菲悄然近　校园复课巡课忙	李清雪	048

打造高效课堂　力争实验中坚（教学叙事）

实践铸专业　反思促成长	唐加森	051
强健身心　拥抱未来	徐　斌	056
生如朝露师如晖　功夫不负有心人	穆姝含	058
守正创新探思政之路　立德铸魂育时代新人	韩旭侠	061
发挥学生主体地位　提升课堂教学有效性	赵忠宝	064
执教醇笃　铸魂育人	郝俊杰	066
音乐"微"教学　点亮"心"技能	侯雨彤	068
家校互助　共育冰花	张秀丽	071
老师你写错了	李　阳	073
功夫不负有心人	任丹丹	075
锤炼研磨　反思提升	李　阳	077
善待学生　倾心育人	陈艺萌	080
叩响心的房门　用爱守护心灵	相　阳	083
做好科学教育　助力健康成长	毛　然	086
常规教学　有"备"而来	韩佳旭	088
学会倾听　适当沉默	郭永广	091
"巧"用思维导图　"悟"复习之理	胡格林	095
用智慧浸润初中生物复习课堂	申薇薇	098

目 录

不畏风雨地尝试　从容不迫地超越 .... 舒　畅　103

新教师如何打造高效语文课堂 .... 苏　杭　106

千里之行　始于足下 .... 邰媛媛　110

信息技术2.0下的教学有效融合 .... 王力鹏　113

为"学困"一族点亮一盏灯 .... 杨武鹏　117

师生共游学海　齐筑高效课堂 .... 于丹丹　121

三、严而不厉育德育心　求而不苛树人树魂

学以指导　教以诚德（访谈）

蕴德树品无浅处　春风化雨润无痕 .... 战春梅　127

寸草春晖　启智求真（特色工作）

打造家校共育模式　培养个性智慧少年 .... 李洪滨　130

立德树人践行使命　紫冰花开异彩纷呈 .... 孙英奥　134

光荣入队助成长　争做新时代好队员 .... 陈筱雪　137

知行一致　行胜于言（德育叙事）

在你的"黑名单"里破冰而出 .... 柯福红　140

用心陪伴促成长　不吝鼓励助向前 .... 姜沙沙　143

滋兰树慧　一路芬芳 .... 李晓迁　146

斗智斗勇展百般武艺　破冰之旅享成蝶风华 .... 王　雪　148

抓住沟通契机，让家校沟通更有温度 .... 教梦迪　151

在实践中体验生活　在劳动中收获技能 .... 李冬梅　153

红领巾广播伴左右　校园生活多丰富 .... 刘雪瑶　155

"改变"你其实就是改变我自己 .... 王宇凡　158

班级"学困生"转化记 .... 吴楠楠　161

阅读点亮生活　经典德泽生命 .... 张文心　163

打造绿色班级　创验美好未来 ………………………… 周　玉　166

四、勤细实树大美形象　教研改铸新区师魂

精英团体协作　尖端科技在握(特色工作)

思维创新助发展　导图引领绘新章 …………………… 王　珺　171

完善教师成长工程　丰实教育智慧绽放 ……………… 赵　蕊　174

科研逐梦结硕果　求善求真同精进 …………………… 王大林　177

教研相辅育桃李　教学互促飘墨香(研培故事)

破茧成蝶的美丽 ………………………………………… 王福鹤　180

谨记使命,静待花开 …………………………………… 商　达　183

想到就去行动,教育才会灵动 ………………………… 张　明　186

深稽博考　育人育己 …………………………………… 陈晓宇　188

行远自迩覃思集备　联动研修演绎课堂 ……………… 刘　翠　191

巧用信息技术,提高课堂效率 ………………………… 张晓娜　194

五、实验后勤守护家园　实验前行坚实后盾

勠力同心护教育　时刻静待绽冰花(访谈)

后勤无惧苦累　守护实验净土 ………………………… 高　阳　199

以管理促服务　以服务塑形象(后勤故事)

落实责任担当　贯彻服务意识 ………………………… 桑　茜　202

勇往直前　迎难直上 …………………………………… 关珊珊　205

万众一心　共克时艰 …………………………………… 方　雪　207

坚守校园安全防线 ……………………………………… 高　垚　209

精细后勤服务保障　筑起校园坚实城墙 ……………… 何宇龙　211

一

红色党建初心如磐
勠力同心征途如歌

访谈

以身示范　冲锋在前

编者按

郝岚

中共党员，哈尔滨市实验学校党总支书记、校长，高级教师，哈尔滨市骨干教师，学科带头人。曾荣获全国十佳少先队辅导员、省德育工作先进个人、省优秀共产党员、市"四有"好校长等称号。

紫冰花党建筑思想高地　高质量发展创实验品牌

——哈尔滨市实验学校党建工作访谈

访问：郝校长您好！哈尔滨市实验学校建校短短六年，已发展成为松北新区的优质学校，是新区教育的一张靓丽的名片。取得这样的好成绩，在学校治理方面的关键秘诀是什么？

郝岚：实验学校坚持党管办学方向、党管改革，发挥党总揽全局的领导核心作用。把党的教育方针作为"纲领"全面贯彻到学校各项工作中，推动党组织带动团建、队建"一条线"，充分发挥政治核心作用。将党建工作与学校所有部门工作一起谋划、部署、考核，增大"治理面"，保证学校的基层党组织始终处于规范化的运行状态,增强基层党建的针对性和有效性。

访问:实验学校高质量发展的制胜法宝,是以党建治理为引领,坚持把党的领导贯穿办学治校,都采取了哪些措施和实践渠道呢?

郝岚:一是依法办学,采取民主集中制的原则进行决策。制定"三项制度",修订学校绩效考核方案和评优选先方案。学校积极发挥教代会、工会作用,并成立学术委员会。二是多渠道发展。抓住"三课堂"开展党建工作,即常规课堂:高质量的"三会一课",充分发挥了党员先锋的模范带头作用;云端课堂,通过学习强国APP、龙江先锋网等,加强党的理论知识学习;流动课堂,采取课堂教学和实践引领相结合的方式,使全体教师的思想政治水平和业务能力得到有效提升。

访问:实验学校有好的治理机制、完善的落地途径。在党建工作方面,怎么让党员教师能更专业地成长?全体教师能向党看齐,不忘初心,汇聚正能量。有什么创新方案吗?

郝岚:2017年7月3日成立了哈尔滨市首个教师党校。党校分为青干班、青锋班、青年班、青苗班开展培训,覆盖了全校249位教师,通过党史学习、党课浸润、拓展训练、团队互动等形式,从加强党性修养、积淀文化修养、提升履职能力三个模块进行分层培训。每位学员完成了一份职业规划、一份思想汇报、一项微课题研究、一节精品课,全面提升了思想政治觉悟和干部履职能力。2021年3月,成立了领导团队、党员教师、紫冰花少年三级四史宣讲团,多形式深化四史教育。定期开展"四活动",即组织70、80、90三级座谈会;"实验创业有我在 育慧团队争先锋"服务团队;"争做四有教师 打造育慧团队"主题演讲和"历练育慧团队 共赢松北教育未来"主题实践活动。

访问:党员教师们在这几年的学校建设中,取得了哪些成就呢?

郝岚:一是课程研发。党员课程先锋逐步完善了"紫冰花课程"体系,校本课程由1.0版本升级到了4.0版本,总计校本课程一共118门,梳理校本教材50余本。二是落地双减。成立教学专管小组,建立专项工作机制,研究分层作业、丰富课后服务课程。进行"学科素养导向下的课堂观察与课例研究"系列研修,确定15个学科的"学科素养"框架及内容;开展近200节"课题实验课",100节"讲好学科故事"系列活动;16个学科100余次"走出去,请进来"导师驻校活动。三是名师引领。9位优秀的党员教师建立了名师工作室,研发国家级课题2项、省级课题8项、市级课题2项。充分发挥党员带头作用,一直引领全校教师不断向前!

特色工作

勤勉尽责　牢记使命

个人简介

刘艳丽

中共党员，高级教师。全国模范教师、黑龙江省特级教师、省中小学名师、哈尔滨市小学数学学科带头人。市未来教育家培养对象，市数学学科带头人，市"四有好老师"标兵。市级名师工作室"北岸星月"数学工作室主持人。

创新机制建党校　历练团队勇担当
——哈尔滨市实验学校教师党校云端工作

实验学校的党建工作在抓实常规党建的基础上，创新改革机制，推陈出新，于2017年7月3日成立了哈尔滨市首个教师党校，发展到现在已经整整三年时间了，累计进行了3期6个班共145人次的培训。

一、志存高远　新思想引领新时代

建校初期，校领导班子就提出"教师队伍建设是学校发展的主线"的工作思路，三年来，借助教师党校的引领力量，通过丰富多样的培训形式，围绕加强党性修养、积淀文化底蕴、凝练团队精神三大板块对党校学员们进行了系统、有针对性的培训。教师党校分青干班、青年班、青锋班，累计培训3期19次，每期学员都要完成"三个一"作业：一份个人成长职业规划、一份培训心得、一节学科精品课，或一份职业规划、一份思想汇报和一项微课题研究。学员累计撰写优秀教学设计49份、职业规划145份、心得516篇、微课题研究成果32项。从不同角度、不同层面提升了育慧团队的思想政治觉悟和党员干部履职能力。每年庆祝党的生日之际都是上期党校学员毕业，下期党校培训开始的重要时刻！

二、笃行实干　新时代呼唤新作为

党校成立三年来，组织了多次丰富有实效的培训活动，如专题讲座、专业党课、拓展训练、分享交流，为党校学员提供了丰富的提升空间和学习平台，学员们的责任感和使命感越来越强，业务水平和综合素养也越来越高！主题培训中，王媛副区长、郝岚校长亲自带领青干班的紫冰花干部和教师，以自身发展的六大能力为主题进行了一次培训，每个小组20分钟的时间进行讨论，自制汇报展板，以互动、分享的方式向大家展示自己组的交流成果。拓展训练里，老师们组建冰壶队、同颠同心球，青干班、青年班的每一位成员心往一处想，劲往一处使，充分展现了团队齐心的力量，切实感受到了努力拼搏的幸福。

实验学校首批微课题立项，全校24项立项的微课题中，有22项微课题主持人是党校学员，占比达到91.67%。2018年，全新治理体系颁布实施，学校的校本课程以六大书院的形式进行研发、实施、评价与管理。六大书院的院长均为教师党校青干班学员，他们不仅自己飞速成长提升，更带领着一支支实验战队大踏步前进。学校的校本课程从开始的1.0版本升级到现在的4.0版本，参与课程的学生数量从300多人增加到3000多人。每一年全国、省、市区各项赛课、论文评比中，参与、获奖人员大部分均为教师党校学员，现在

他们已经分部到实验学校各个重要岗位上。

三、党史宣讲　新作为涌现新榜样

2021年7月1日是建党100周年,教师党校充分发挥党校学员的模范带头作用,紧随党中央的脚步,稳扎稳打拉开了党史宣讲的序幕。学校成立了校级领导党史宣讲团、党员教师党史宣讲团及学生党史宣讲团,党校学员主动承担了学生党史宣讲团指导教师的重任。他们利用中午午休和空节时间,进行了小学部14名宣讲学生、中学部10名宣讲学生的指导、训练、彩排、录制工作,牺牲了很多休息时间,在微信公众号、班级宣讲、综合场宣讲多个层面展现了实验紫冰华少年的精神风貌,孩子们用慷慨激昂的宣讲激发了3000多名学生一起积极学习党史、立志努力学习报效祖国的雄心壮志!

哈尔滨市教师党校是教师成长和进步的摇篮,承担了探索新时代党建工作与教育教学综合改革相结合的光荣任务,承载了培养党的百年基业的合格建设者和优秀接班人的重大使命,承诺了办人民满意教育,提升百姓福祉的诺言!过去、现在和未来,教师党校的学员们用踏实努力的工作一次次刷新实验标准与实验速度!使越来越多的教师成为实验发展、新区发展的中流砥柱!

红色党建初心如磐　勠力同心征途如歌
哈尔滨市实验学校

党员故事

栉风沐雨　"红"染新区

个人简介

王彦文

中共党员，高级教师，哈尔滨市实验学校小学部德育处副主任，工会主席，健康综合室主任。哈尔滨市体育学科学科带头人，市学科带头人，市骨干教师。

一己苦乐从不诉，收得桃李满园春

——哈尔滨市"四有好老师"王彦文事迹

哈尔滨市实验学校王彦文老师，在平凡的岗位上不忘初心，为人师表，严于律己，勇于进取。现负责实验学校健康综合教研室、校工会、校食堂、小学部后勤和安全工作，担任阳光书院院长。2016年获市优秀教师称号；2017年获得市教育系统优秀工会工作者称号；2017年参加哈尔滨工业大学出版社主办的高校体育教材的编写工作，担任副主编；2018年带领校冰壶队参加市中小学生冰上运动会，获初中男子组冠军、小学男子组亚军、初中女子组季军。同年，校初中男队代表哈尔滨市参加省学生冰上运动会，获得冠军(新区体育项目集体最佳成绩),并有三人获得省重点高中降段资格。2018年担任江北一体发展区首届职工运动会团体操《绽放》总导演,同时负责检阅队伍;2019年校冰壶队获得市中小学生冰上运动会小学男子组冠军、小学女子组亚军、初中男子组亚军。两人获得省重点高中降段资格;2019年获得黑龙江省体育卫生先进工作者称号;2019年承办并组织了黑龙江省四城市体育教学研讨会(实验学校协办);指导朱德侨老师的《持轻物投》远获黑龙江省四城市教学研讨会一等奖;2019年指导关珊珊老师的"健美操"一课获区"创优杯"特等奖;2019年带领校足球队获新区雪地足球比赛小学组亚军;2021年带领校足球队获得全市小学组第六名的好成绩;2021年6月带领校冰球队参加全市小学生冰球联赛,小组第一名出线;组织2021年校园篮球联赛,获得了全校师生的一致好评;2016—2021年为学校成功申报全国校园足球示范校、全国校园篮球示范校(新区仅此一家)、黑龙江省体育艺术基点校、全国奥林匹克教育示范校;获得黑龙江省学校体育卫生工作先进集体等荣誉。

一、律己从严德为先

工作29年,他时刻以一名优秀党员的标准严格要求自己,工作中能从大局出发,讲政治讲原则,时刻关注师生的身心健康,为学校的发展出谋划策,同事间关系融洽。带领学科教师开发了校本课程"阳光校园 冰花绽放",负责开发的律动生命课程已经成为实验学校师生最喜爱的课程之一,成为实验课程的一张靓丽名片。

二、培养团队促成长

王老师在工作中注重对年轻教师的培养,学科和工作管理中能做到公平、公正、人性化。站在教师的角度和为学校发展的角度看问题,对学科教师的基本功常抓不懈,教师们在市区各项活动中已经初现锋芒。健康综合教研室现有教师18人,多次参加省市区活动,取得优异成绩。建校几年中所带学科一直是学校各种活动的骨干力量。团队中,人人都有目标,发展都有方向,前进都有动力,梯队建设初步形成。

王老师要求自己不仅要有扎实学识,更要有理想信念、道德情操和仁爱之心,用自己的实际行动诠释了什么是新时代的"四有好老师"!

个人简介

唐亚琴

中共党员，高级教师，现任哈尔滨市实验学校小学部研培主任。先后获得国家级优秀指导教师、黑龙江省师德先进个人、省级语文教学能手、哈尔滨市优秀班主任标兵、市语文学科带头人、市语文学科骨干教师、市级优秀教师等荣誉称号。

学医者仁心　践师者厚德

初心高擎，方可照亮前路；使命在肩，更待勇毅前行。哈尔滨市实验学校教师唐亚琴是一位老党员，在教育教学方面，她用自己独特的方式去彰显师德大爱，护佑学生，用实际行动诠释了一个共产党员的责任与担当。

一、亲情远离　吾师有爱

唐老师班级的学生小淇，她的爸爸妈妈在外地工作。得知此情况后，唐老师经常联系孩子的奶奶，了解孩子的生活和学习情况，得知孩子每天有计划地学习、锻炼、游戏、做家务，唐老师又询问孩子在生活和学习上是否还有其他困难，通过微信和电话加强了情感关怀、加大了学业指导。她坚持每天对小淇进行一对一答疑、辅导、帮扶。同时唐老师也多次与在外地的孩子妈妈进行微信沟通，一是关心孩子妈妈在艰苦条件下工作要注意身体；二是让家长放心，孩子的生活、学习有老师关爱和守护。细心的唐亚琴老师在学习和情感上，给予父母远在外地工作的学生无微不至的关爱。

二、教无定法　贵在得法

为保证学生学习有效、高效，唐老师提前把电子版教材及教辅资料发给学生,每天提示学习内容,交给学生预习方法、复习巩固策略。为了推进教学工作的开展,促进家校沟通,指导家长陪伴和监督孩子的生活和学习,组织召开学年家长会。家长会就学习的要求和注意事项做详细说明,对提升学习效率给出合理化建议,总结学生学习情况,提倡家长能够参与到学生学习中来,促进家校更好地合作。

三、精神引领　笃行仁德

唐老师说社会是个很好的教育课堂,时时处处都是教育时机,要采取不同的教育方式。她在教学《卜算子·咏梅》一文时告诉孩子们,梅花代表的是一种精神,永不屈服、勇敢坚毅,正如顽强的中国人民。在学习"车水马龙""灯火辉煌"两个成语时,她让孩子们用以往热闹繁华的城市与现在因疫情几乎静止的城市进行对比,引导学生说一说"我们应该怎么做"?孩子们纷纷说出祖国的强大、英雄的可歌可泣,他们心目中的偶像是钟南山、张文宏、李兰娟,决心从小要好好学习,长大后报效祖国。她又鼓励学生们写生活日记、随笔、诗歌等,唐老师说:"流淌在纸上的文字才最有情感、最有温度。"她及时发现、整理和讲述那些"最美逆行者"的感人事迹,把这些真人真事变成对学生进行生命教育、信念教育、科学教育、道德教育的活教材,让孩子们树立正确的世界观、人生观、价值观。

唐亚琴作为一名共产党员,是一位抬头有信仰,低头是修行,始终不忘初心的人,让我们钦佩不已。春已过,夏已至,她时刻准备着抖擞精神再出发。

个人简介

邹本金

中共党员,硕士研究生在读,二级教师。哈尔滨市实验学校信息技术教师。曾获黑龙江省教育学会科研成果优秀奖、哈尔滨新区云创科学集群优秀指导教师等荣誉。

教育无小事　润物细无声

回想从教以来的教育往事,没有什么功绩可以炫耀,也没有多少鲜花和掌声,能回忆起来的,只有微不足道的点点滴滴。邹本金老师为那些可爱的孩子所做的,就是日复一日,无声地陪伴,细致地关怀。作为一名普通的党员教师,他用自己的行动诠释初心和使命,用自己的付出诠释责任与担当。他不习惯讲高深的大道理,也不常搞一些轰轰烈烈的大活动。他的心里只有小事,眼睛里只有细节,像"润物细无声"的春雨,陪伴、关怀,从来不感到烦琐。细节瞒不过孩子的眼睛,言传身教的功夫全在细节上。对细节的关注,让孩子的成长有了根基,让爱与责任落到了实处。

每节课前,邹老师早早地会来到实验室,和学生一起开窗户通风,落实学生上课情况,看一看学生的上课状态。每次上课时,叮嘱学生不要触碰机箱电源,坐姿要端正,不要来回晃动椅子。每一次下课的时候,都一再叮嘱学生走廊里注意安全,不要推搡、打闹,上下楼梯右侧通行。最后再检查一遍实验室的电源、窗户等,才离开教室。

从教以来,最爱的就是学生们课堂上凝神专注,课堂外笑靥如花……学生的作品,邹老师每本都要仔细审阅。从作品的寓意、作用等,他揣摩学生的状态是认真还是浮躁;从问题解决的步骤,他推断学生的上课思路是不是正确。下课的时候,他总会把孩子叫过来,讲方法,说细节,谈心思。平凡的日子里,琐碎里见细致,细致里见功夫。

为了缓解期末期间学生的紧张情绪,邹老师承担起三个班级的综合实践课程,让老师和学生在学习的空隙,动手做一些小物品,缓解学生的紧张情绪的同时,也能教给学生环保的新知识。"师者,传道授业解惑也。"他以实际行动守护着自己的职业,教给学生新知与技能,做一个有大爱、有大义、有专业贡献的人。曾经有一个男生心理压力特别大,严重焦虑。有一次,快要考试了,邹老师在走廊里发现他脸色通红,呼吸有点急促,马上意识到孩子的心理出现问题了,赶紧把他带到走廊里休息的地方,躺在躺椅上,和他谈生活里的趣事,谈他最喜欢的动漫视频,尽量避开与考试有关的话题。这个时候,孩子最需要的不是什么做人的大道理,而是老师最贴心的关怀。

教育无小事,可是日常的教育全是小事,而最细微的地方,也最容易拨动孩子敏感的心弦。那就在教育的细微之处下功夫吧!"守望教育初心",教育的丰富内涵在点滴育人的过程中彰显,他们有的春风化雨,用爱心融化学生学习和成长中的坚冰;有的悉心打磨,让知识的魅力闪烁在青春的课堂上;有的身兼数职,在每一个平凡的岗位上追求着匠心品质;有的言传身教,用日复一日的坚守铸就着一届届学生的梦想!而邹老师能做的只有从细微处切入,在平实中动人。

"勤奋创新 为人师表",邹老师将继续坚守教育初心,牢记育人使命,不断锤炼专业技能,不断提升师德修养,在耕耘中收获尊严,在奉献中体尝幸福,守望着那份爱与责任的纯澈初心,引领每一个学生自信而愉悦地走向未来!

二 | 集大智慧玉汝于成
展实验人教学风采

> 访 谈

深化教学工作　推进教育创新

编者按

王丽巍

中共党员，高级教师。哈尔滨市语文学科带头人、语文学科兼职教研员、语文学科市级骨干。教育部"内地与香港交流计划优秀指导教师"，东北三省四市课优秀指导教师。

聚焦提升"思维"　改变追求"表现"

访问： 王校长您好！教育教学改革进行很多年了，每一年我们都会从多种渠道学习到有关教育教学改革的一些新的内容和方法。但是随着新内容新方法的推广和实施，有没有发现初中课堂上产生了一些值得我们反思的问题呢？

王丽巍： 有啊。初中的课堂将部分小学时活泼好动的孩子，变成"深沉者"了。课堂上不愿意发言、不积极思考。刚从小学上来的学生，在课堂上极其活跃，当老师提问时，每一个孩子都把手举得高高的。但是经过初中两年到三年的教学之后，很多孩子不再举手了，表现得很"乖巧"、很"守纪律"。

当然内部原因也可能是孩子长大了不爱表现、所学的知识变难了，但我认为最主要的还是教师的教学方式不能让孩子走入一个思维的活跃区。

访问：有没有什么解决方法呢？

王丽巍：有的。解决方法就是提升教师对课堂的引领力、点拨力、掌控力，才能带领学生们体悟到思维的快乐。在丰实个人业务底蕴的基础上，运用多种多样的教学方式，如设置悬念导入、眼神肢体语言、吉他篮球教具、视频音频渲染、学科故事拓展、领读范读展示、当堂检测巩固……让我们的学生在学习过程中体会到思考后豁然开朗的妙处、学得知识后柳暗花明的快乐；老师要站在知识发展的最前沿，引领学生探索、发现、理解、总结以及应用知识，提升孩子对于所学知识的深入理解，加强孩子对于所学知识的运用和掌握，孩子们就不会有如此表现了。

访问：谢谢您，王校长。听着您提到的那些教学方式，我眼前仿佛出现了那些画面，真好！还想请教您，刚刚和一些学习成绩好的学生交流，他们中有一部分同学说，喜欢听老师讲难题，您怎么看待这个问题？

王丽巍：这实际上是学习成长期的短期利益与长期投入的关系问题。在现今的教育教学过程中，很多老师愿意将知识讲得很难，想让部分成绩好的学生通过难题的学习、解析，提升思维的深度，殊不知这是竭泽而渔。这样确实会使得很多学得好的孩子有可能接触到更难的习题，课堂上表现为积极举手发言、积极参与，并在某些考试中取得高分，但是知识的学习应该是渐进性的、螺旋性的，而不是为了短期的利益而学习。我们的孩子在短期内会有比较好的成绩，但长期下来，孩子们学习思维会逐渐偏执、僵化、固化，只喜欢研究难题，最终对广泛学习失去兴趣。这不是学生能够终身学习的方式。

访问：这样的状况有什么解决办法吗？

王丽巍：解决方法，应该是在方法上提升孩子对知识的整体认知感，让孩子逐渐了解到所学的知识是螺旋上升的。通过最浅层的知识的分析理解认识，提升孩子自主学习的能力，发挥自己的主观能动性，让所学的知识变成自己的想法和意识，通过自身的学习，发现知识内在的规律，提升孩子"借一斑窥全豹"的分析问题、解决问题的能力。

访问：谢谢王校长。我因为工作的需要，也进过许多课堂，发现很多课堂热热闹闹，学生讨论热烈，但感觉有些学生学习并不投入，您怎么看待这一现象？

王丽巍：课堂教学向传统挑战，以"小组合作"与"学生展示"为特征，老师们创造了不少方法模式，学生的表达力与表现力貌似有了质的变化，"课堂充满了生命的活力"，改变了传统课堂"死气沉沉"的局面。但随着课堂教学改革的发展，许多学校看似将课堂还给了学生，实际上参与讨论展示的永远是几个学生，大部分学生依然是课堂的旁观者。此外，许多课堂过于追求"表现"，学生展示时慷慨激昂、妙语连珠，但展示的内容却浮于表面，缺乏深入的思考，更缺乏"思维"层面的深度发掘。

访问：有什么解决办法吗？

王丽巍：表现是思维的外化，我们无须怀疑表现的价值，也不能排斥课堂活动的形式创新，但表现源于思维，内容决定形式，二者不可偏颇。因此，从聚焦学生"表现力"到关注学生"思维力"，实现表现与思维有机结合，形式与内容和谐统一，这是我们老师必须要解决的问题。加强备课，研究学情，有的放矢，关注学习效果及学习能力、思维能力的提升，可以成为我们研究的微课题之一。

为了让课堂从浅层走向深层，我们迫切需要突破现有观念，寻找新方法，创新深度课堂教学改革的策略，更好地解决初中生学习的困难，使初中课堂更加健康有序地发展，使学生通过学习提升核心素养，具备关键能力，拥有必备品格。

个人简介

曲坤

高级教师、哈尔滨市实验学校初中部教务处主任、哈尔滨市级优秀教师、市级数学学科骨干教师；市师德先进个人，市四有好老师，市"身边好老师"标兵，市"烛光杯"大赛评委。

精基创新，将教学落到实处

访问：曲主任您好！2020年是"十三五"收官之年，2021年是"十四五"开局之年，面对"新课标"的全面落实以及新区教育的各项要求，本学期我们教学系统的工作可谓"压力山大"，我们看到实验学校的教学工作在您的领导下精心筹划、有序开展、颇具特色。您能跟我们介绍一下作为教务处的主心骨，您是怎样带领教师们开展教学工作的吗？

曲坤："少年辛苦终身事，莫向光阴惰寸功。"无论是老师还是学生，无论是教学管理工作还是学习实践过程，实验学校一直将抓基础、强创新、提质量、助成长作为工作重心。在郝岚校长的关心和指导下，实验学校初中部教务处克服了种种困难，并乘势而上，全面总结"十三五"期间各项任务的完成情况，并着眼于"十四五"的开篇谋划，出色地完成了本年度的各项工作。可以说实验学校是提前谋划，充分做好了本学期的各项准备工作。为了更好地发挥教学管理和指导的主体作用，前期初中部教务处召开会议，在征求各领导、各学科主任及各学年建议的基础上，制定了本学期的一系列工作方案及制度，如巡课制度、常规检查制度、考务制度、课堂管理制度、作业批改制度等。要求全体师生严格执行，认真落实教学与学习任务，确保课堂教学质量。系列制度的形成，保障了教学秩序运行平稳，提升了教学管理规范化水平。

访问： 思考得面面俱到，进行得有声有色。在您的介绍中我听到为了保证课堂质量，实验学校特意制定了听巡课制度，我们具体是怎样做的呢？

曲坤： 教学质量是一所学校生存和发展的基石，教学质量的提升需要教学管理的高效落实，作为教务处的核心工作之一，巡课一直十分重要，因为站稳课堂、压住讲台是老师的基本功，课堂教学的质量需要老师们在每一堂课中逐渐生成。教务处本学期加强了日常巡课力度，完善巡课制度，细化巡课观察点。每天不定时随机巡课，覆盖每个学年、每个学科、每个班级和每位老师。在巡课过程中发现的问题，教务处对相关教师、学生第一时间进行一对一反馈，并进行如实记录。

对于听评课，现场听课并第一时间评课，对于授课教师与听课教师教学水平的提高都有着很大的帮助。本学期听课制度更加完善，包括常规听评课、师徒互听、"至善杯"和"创优杯"听课、行政领导引领课听课等多种听课方式。无论是年轻教师还是老教师，无论是行政领导还是普通教师，本学期的听课评课都让大家受益匪浅。

访问： 那么本学期我们学校在授课期间如何进行常规检查呢？

曲坤： 常规教学检查包括教案、集体备课记录、听课记录等。对于教案，教务处要求全体老师采用手写形式每周书写，由学年统一整理并上交检查；对于集体备课记录，教务处领导及各学年负责人、学科负责人深入集备组的集备会议进行指导，并将会议截图及集备记录定期上交检查，各备课组做到"一周双备"或"随时随备"，及时让教师交流教学心得；对于听课，教务处要求教师根据自身教学属性进行有层次、有选择的听课，可跨学年跨学科听课，多科目学习和了解。

访问：我们看到本学期无论是市、区还是学校本身，都开展了一系列的课堂教学比赛，这对于老师们的成长有何帮助呢？请您介绍一下。

曲坤：以赛促教、以赛促学。教务处积极组织校内教学大赛并鼓励引领各学科老师参加各项区级、市级赛课。本学期，教务处成功举办"至善杯"课堂教学大赛，42天的赛程，26场展示课，15个学科参与，26名教师参加，500多人次的老师观赛……以"打造高效课堂、提高专业素养"为宗旨的"至善杯"赛课活动取得圆满成功，共产生15名优秀展示课教师。他们也代表我校参加了松北区"创优杯"课堂教学大赛，其中语文学科石伟、政治学科裴金齐、历史学科王佳玥、美术学科金佳雪获得特等奖，其他参赛选手均获得一等奖；我校语文学科周祖秉、数学学科赵忠宝、历史学科王佳玥、地理学课朱忠秋、政治学科韩旭侠还代表松北区参加了市"烛光杯"比赛，并获得特等奖的优异成绩。

访问：作为新区教育的龙头学校，今年还参与了哪些新区的教育教学活动？

曲坤：本学期教务处继续牵头迎接区教育局教学常规检查工作。作为松北区教育系统每年的例行教学常规检查，校领导十分重视，郝岚校长多次召开工作会议部署迎检工作，指导迎检工作的开展。教务处全体细化迎检任务，分工配合，从迎检材料搜集、整理、打印输出、展室布置、迎检接待等各方面做了大量工作。教育局领导及专家对我校教学常规工作高度肯定，并提出了一系列提高建议，为我校教学工作的进步指明了方向。

访问：本学期的期末总结我们又是怎样进行的呢？

曲坤：辛勤付出，努力耕耘，本学期在全体师生的共同努力下，各项工作已圆满结束。回望是一种习惯，总结是为了更好地走向远方。期末考试顺利结束后，各学年主任及时召开了质量分析会、学科组会、班主任会等总结性会议，有总结、有反馈，在今后的教学工作中有的放矢才能不断创造好成绩。全体教师一起回眸过去，总结收获，正视不足，展示了良好的团队进取精神。相信在未来的日子里，实验人将不忘初心，为实验学校的下一个五年发展砥砺前行！

个人简介

孙冠英

高级教师,哈尔滨市实验学校艺术教研室主任,雅美书院院长。黑龙江省中小学音乐教学专业委员会理事、省名师团队专家成员、省教学能手、省"国培计划"讲师,哈尔滨市学科带头人、市骨干教师、市音乐学科工作室成员。

国家课程的校本化表达

访问:孙老师,您好!关于我们哈尔滨市实验学校的校本课程,我听到了这样一种表述:国家课程的校本化实施。为什么进行这样的设计呢?

孙冠英:国家课程的校本化实施,从学生层面看,学生的关键能力、核心素养能得以逐渐地培养与发展;从教师层面看,在校本化表达中能够提升教师课程构建的能力,形成课程体系的概念。

访问:我们的校本课程是怎样设计的?

孙冠英:我们努力打造大主题下的小课程。"大"是一种大局观,赋予课程仰望星空的意境;"小"是给课程一个实施载体。比如说,"走进国乐"是一个很大的主题,因为大,有无限的延展性,我们可以根据人员的变化不断增加新的内容,可以是几个人做,也可以是几十人甚至上百人在做;在课程的打造上,我们聚焦在一个很小的点上。小到在一节微课中结合音乐作品只去了解一至两个"点睛"的演奏技法,因为小,容易让行动落地,听者可以在轻松的氛围中掌握我们前期预设的难点。不会产生上课听得明白、下课忘得干净的现象。

音乐学科研发了两门课程，分别是"致敬大师"和"走进国乐"课程。

"致敬大师"课程依托音乐教材，打造普适性课程，探索音乐教学的"真空地带"，进行系列欣赏教学的研究。国家课程是按学段以单元划分，每个单元以一个主题进行欣赏和演唱的内容整合。为了让知识纵向的线索清晰，我们将一至九年级教材进行梳理，将一位大师在不同学段的作品进行整合，安德森、圣桑、柴可夫斯基、约翰·施特劳斯、约翰·威廉姆斯等等。音乐体裁涵盖芭蕾舞剧音乐、管弦小品、交响诗、波尔卡、进行曲、电影音乐等。

"走进国乐"课程依托教师专长，打造针对性课程，填补音乐教学的空白，进行系列器乐鉴赏教学的研究。每个人都有自己的优劣势，"走进国乐"主要是发挥教师的个人专长，把优势做大、做强，突出"独一无二"性。变纯画面中感受为从画面中走来的身临其境之感，让器乐鉴赏落地有声。

访问：我们的校本课程做得如何？

孙冠英：从3月份至今，我们累计录制微课54节，其中8节在哈尔滨市云平台空中课堂播出，2节入选《新晚报》"老师，我粉你"活动，课程的研发经验在学校的研培活动中分享；教研室还进行了微课评比，由每位成员不记名投票，角逐出大家心目中的五强。

课程的打造就像是在建设我们的资源库，资源储备充实底气就足。其实，所有的一切，终极目的都是在努力实现自我的价值。我们利用工作室进行推送，有记录、分享之意，更深层的含义是希望若干年后的自己能够跟现在的自己对话，看到自己一路前行的轨迹，感谢不曾停下脚步的自己。只有团队中的每个个体变得强大，我们才能不断研发和创新校本课程，吸引更多的"紫冰花"参与进来！

特色工作

以质量求生存　以特色求发展

个人简介

赵明丽

毕业于东北师范大学美术教育专业，研究生在读，雅美书院助理，美术学科负责人，小学部新闻组核心成员。2019年获得松北区"创优杯"美术学科一等奖，2020年获得新区"四有好老师"称号。

"云"端传艺

——信息技术2.0工程下的微课研发与实施云端工作

我们正处于信息技术为教育提供前所未有的巨大可能性的时代。在这个新时代，信息技术2.0工程就是对教育的一次重大改革。线上线下结合的教与学成为主流，无论课上还是课下、教师还是学生，都将把网络和数字信息自觉或不自觉地应用于教与学之中。

微课作为信息化教学手段的一个重要形式，以较为突出的优势步入课堂，赋予现代教学生命力。美术作为一种重要的艺术表现形式，对微课教学模式的吸收与运用也符合当前教学模式发展创新的趋势。

本文立足于信息技术2.0中工程的B2能力点——微课程设计与制作,通过"研发"与"实施"两部分内容,对"如何将微课打造成系列课程"和"如何进行微课的研发与实施"这两个问题进行探究。

一、研发

为谁研发?

一是学生,微课基于"停课不停学"的政策,让孩子在家也能接受教育。二是教师,微课是研究和学习的过程,也是另一种成长的方式。

谁来研发?

一节微课,靠个人的力量不可能做到系列化、专题化,所以需要团队的力量。团队里的每个人都是研发者,只不过分工不同,有人引领,有人推进,有人参与。

怎么研发?

大共识小个性。大共识就是对学科核心的理解,无论线上还是线下,核心是一样的,不能因为是微课就去玩那种五花八门的东西。小个性就是发挥教师专业特长,把教师特长作为课程内容,除此之外,授课风格、微课形式、新闻模板……处处都要体现小个性。

大主题小课程。要保证每个微课都有一个主题。主题要大,这个"大"说的是一种大局观,就是赋予课程仰望星空的意境。"小"是给课程一个实施载体,让行动落地。

大计划小目标。不打没有准备的仗,需要提前把月计划、周日程做好,这个计划就像课程表,每个人的微课都有属于自己的固定发布时间,有利于阅读的人形成记忆,教师也有一种使命感。

二、实施

第一步,课程设计。在课程设计的时候,要以"学习者"为中心,所有设计都是围绕解决"学习者"的问题做准备。这门课要讲给谁听?解决什么问题?如何解决?这三个问题,都有肯定答案,这门课开得才有价值。

第二步,构建框架。构建框架就是在构建逻辑,只有建立逻辑,才会帮助观者在短暂的几分钟里,形成知识点和记忆点。逻辑可以帮助我们把微课讲清楚。不同的微课,有不同的方法来"讲清楚"。

第三步,书写详案。写详案就是在未见处下功夫,微课想即兴发挥是绝无可能的,因为每一秒都要有效,口头语、反复的字词绝对不能有。写,可以更结构化,帮助微课"瘦身"。写,可以让我们做到心中有数。

第四步,录制微课。找到最擅长、自信的状态,在表达的时候要将详案口语化、生活化地"读"出来,有适当的个人情感流露,让屏幕那端的人感觉到这个老师是有性格的,真实的,有立体感的。

第五步,审核完善。怎么审?采取二级审评制度,落实责任,层层把关。审什么?审内容,是否有干货,是否符合学习逻辑,是否讲清楚了;审形式,PPT、音效、转场特效、视觉感受是否正确、合适、美观;审教师,语音语调、吐字归音、抑扬顿挫。

第六步,课程发布。"哈尔滨市实验学校""传承——孙冠英艺术工作室""班级钉钉群"是美术学科微课发布的三个平台。这一步要确保课程发布准确、及时、全面。

第七步,后续跟进。就是要接受反馈、消化成长、客观分析,让实施流程形成闭环。为此,我们做了这三件事:第一,服务学生。带着服务者的心态去服务"学习者"。课程结束后,需要有各种各样有趣的,让大家觉得能够提升氛围的一些东西,比如,奖状证书、排名榜、彩蛋等有仪式感的内容。第二,复盘自己。利用集备时间,分享经验,交流心得,组织线上活动。用这样的方式把每一次的进步可视化,让成长更有幸福感。第三,数据分析。目前为止,艺术工作室的关注人数为334人，从3月份到现在上涨了159人，说明艺术微课这步走得不错。但推送阅读量相对于学生的总量而言有点"寒酸"，平均每节70人左右。改进的方法就是把这些微课作为国家课程的补充，教师之间还可以资源共享。

有人说，我们的教育正在进入"云"时代，现在的微课、直播，只是"第一代"，就是非常简单的信息资源传递；到了第二代，强调师生互动、生生互动；到第三代，教育将趋向于个性化和虚拟化，包括AI、VR等技术，提供更丰富的场景体验。这是时代发展的大趋势，我们没理由不拥抱它。开学之后，我们将继续"云"的教学模式，继续我们的脚步，相信只要走下去，还能看到更美的风景，享受到更有意义的教育幸福。

个人简介

刘元梅

中共党员，高级教师，哈尔滨市实验学校小学部教务处主任、语文学科负责人、二支部支部书记、"哈实验刘元梅语文工作室"主持人。曾获黑龙江省优秀中队辅导员、哈尔滨市四有好老师、市语文学科骨干教师、市优秀班主任标兵、市优秀共产党员。

校园巡课竞芬芳

——哈尔滨市实验学校小学部教务处巡课工作

今天是4月20日，是个特殊的日子。阳光洒在疫情过后几位临时被抽调返校工作的教师的笑脸上。

一、调拨教师发书籍　做预案降低风险

返校前一周，王彦文主任调拨体育组老师们到校，将所有一至五年的学生和教师用书搬运到小学楼两栋楼的收发室，特此感谢所有到校的男老师们，大家辛苦了！

今早部分教师来学校参与分书和下发书籍的工作。在学校吹起冲锋号时，他们披挂上阵准时参与到工作中。

为了能在网课阶段提高听课质量，学校领导决定将书籍发给学生。今天，高阳副校长、刘艳丽主任、王彦文主任、王秋颖主任和刘元梅主任，带领体育组和五学年教师，以及后勤工作人员进行拆包和分类，把小学部堆积如山的教材按学年分好。此时，老师们又触摸到了书本的质感，闻到了书的墨香，真好！

目前网络教学阶段下发书籍是没有经验可谈的。一周前教务处就做好下发书籍方案。经过各位主任商讨，五学年先行下发学生书籍。每个班级的四位家长组长来校发书，他们把组内孩子的书按人数分袋后找个室外地点将书摆放好，组内其他家长错时来领书，做到零接触。同时为避免门前聚集，每两个班级同时发放，其他班级听从指令再到校门口来取书，将风险降到最低。

二、加大巡网课力度　播广播夯实习惯

线上教学第八周的周一。表扬所有班任教师将校园广播的播放内容提前下载好，早8:45全校师生线上准时收看。我们给学生传递的不光是广播里的内容，更重要的是培养学生自律和做事认真的态度，让好习惯成就他们的美好人生。真诚感谢在网课期间坚持为孩子们辛苦付出的德育主任和信息技术主任带领的团队。

今日中层领导累计巡课68节次，听课22节。各位主任横向和纵向听课、巡课，并在课下点对点为各位老师进行评课。各位主任在尽所能为提升学科教师的教学水平做着最平实的工作。

三、线下备课尽充分　网课教学形式新

五年级今天的线上课程是英语答疑，需做到学年课件统一。王爽老师英语答疑联播，课件制作精美，发音标准，对易错题型进行重点强调。其他教师都能做到认真上辅导课。

四学年四班李阳老师语文答疑，做到重点突出，讲解清晰，与学生互动有实效。二班、四班、五班老师边讲解边提问，每位学生都紧跟老师上课的节奏，达到了最佳学习效果。

三学年前二十分钟答疑的是英语教师。三位英语教师利用钉钉平台直播形式进行教学。动物单词教学形式比较新颖，PPT制作有针对性。后二十分钟答疑，三班孙晓安老师针对学年语文测试中丢分最多的阅读题进行细致

讲解，学生阅读能力得以提升。周玉老师虽然父亲手术住院，但是并未耽误学生上课，把课提前录制好，及时下发到班级群内。为敬业的她点赞。有责任心的她最美！

二学年上直播广播准时，巡视中看到了学生全员在线收看。巡课中发现六、七班直播和视频答疑效果非常好，老师或提问或解惑。其他班级提前上传今日视频课，线上守护学生学习。薄海婧主任课前的语文提示语非常有针对性。

一学年组下午答疑，李清雪主任带领一年级教师激情引趣解决重点难点，讲解透彻效果好。她关注到每个孩子的学习状态。其他班级辅导有序，教师准备充分，一年级的宝贝们今天课上非常活跃。

这是中层领导在有限的时间内看到的每位教师认真工作的状态。没有白费的努力，没有碰巧的成功。你今天努力的样子，就是你明天绽放的姿态。加油实验人！

集大智慧玉汝于成　　展实验人教学风采
哈尔滨市实验学校

个人简介

苏宝龙

高级教师，哈尔滨市实验学校科学综合教研室主任，智云书院副院长。NOC全国电脑制作活动4星裁判员、全国青少年职业机器人运动空中机器人裁判员。

别样有序的实验教学

——哈尔滨市实验学校小学部科学综教研室巡课督课工作

为践行"教育信息化2.0行动计划"，利用信息技术推进实验学校教育教学的现代化发展，学校充分利用物联网，进行云端巡课督课，实验教师授课时的风采、全面的教学技能和丰富的教学手段使苏宝龙老师耳目一新，深受启发！别样有序、各具特色、丰富多彩的各科教学活动不亚于精彩的赛课，老师们的教学魅力、学生们的蓬勃活力在课堂上展现无遗。

一、体育、艺术"二加一"

音乐教师精心选曲，圣桑管弦乐组曲《动物狂欢节》中的《狮王进行曲》，浑厚低沉的旋律使人流连于生机盎然的大自然中，育人心灵。雅美书院推出的美育微课让学生沉浸于"艺"的陶冶与雕磨中。

课间操，通过云平台，看到体育教师们意气昂扬，以身为范，带动实验的运动小达人们出拳亮掌、屈膝伸腿……一招一式有板有眼，让人不由得为之兴奋。紫冰花们朝气蓬勃的风姿似乎在告知我们，他们的明天将更加灿烂。

实验教师的课堂美育教学以学生为本，导兴趣，重内涵，实验教师身体力行，紫冰花们良好的身体素质和身心健康是实验教师们教育教学之本。

二、学科教学百花争艳

英语课各年级组的教学组织有序，课堂教学节奏调控有效，教学课件制作精良，教学内容注意外展，师生间有互动，而且个别优秀教师课堂应变能力强，极具教学机智。

数学四、五年级组趣味数学进课堂，灵活益智的教学模式深受学生欢迎，如普通的扑克牌在授课教师巧妙的设计下，变成了教学工具，以游戏的形式完成了教学任务，既提高了学生心算能力，游戏竞技又激发了学生参与课堂教学的热情，变被动吸收为主动参与，潜移默化中习得，课堂教学取得了神奇的教学效果。

语文各年级组的教学精彩纷呈。一年级关于春天的词语接龙，无形中帮助学生们储备了知识，学生们没有了学习的沉重感，减轻了学习的压力，增强了知识消化和提取的能力。二年级课件的制作突出反映了授课教师对教学素材的用心选取，为保证课件制作"无噪清晰"，几位教师在细节处下功夫。三年级突出的"国学小能手"教学环节让学生主动参与课堂教学，看出教师别具匠心的教学设计妙在成功地让学生自主学习，创新的教学模式强化了学生学习效果，极大地提高了课堂教学质量。四年级的随堂检测，间接地解放了学生，当堂吸收，既减轻了学生课后的负担，又充分提高了课堂教学质量，把控了教学动态。五年级组的知识串讲，将新旧知识有机地整合在一起，使学生受益极大。知识的集结与拓展，是授课教师心血的凝结与学生习得知识的升华。

日常的教学活动，映照出实验教师倾心于教学，倾情于学生，倾爱于学校的情怀。为他们而感动，为学生而庆幸。教学中"实验"别样绽放。

个人简介

薄海婧

中共党员,一级教师,哈尔滨市优秀中队辅导员,松北区级数学骨干,区优秀党员,区四有好老师,多次被评为区优秀班主任。

夯实课堂教学 我们在行动

——哈尔滨市实验学校小学部教学巡课常态工作

本周是本学期教学的第十六周,小学部巡课小组在校领导的精心指导下继续开展巡课活动,为"夯实课堂教学"继续发挥了保驾护航的实效作用。而优秀的实验家人们对待教学的态度依然那么认真,毫不懈怠。

在这一周的时间里,我们看到了孩子们的努力,看到了家长们对孩子学习上的督促与配合,更看到了每一位班科任教师的辛勤付出。老师们充分挖掘各种教学资源,通过钉钉平台,保质保量地完成了师生教学互动以及教学答疑等活动。现总结如下:

一、精心准备 提前布置

各学年和学科组的老师们通过集体备课明确课程进度、教学方法及授课形式,对课程的重难点做好充分的准备,对授课及答疑时会出现的问题做好充分的预设,确保高质量地完成授课、互动答疑。

每个班级都能有计划有组织地完成教学工作,有效组织学生观看视频课,以及答疑和辅导。并做好课前预习和课后的反馈。

二、答疑灵活　积极互动

每一节课，学生们都在老师的指导下认真上课，互动答疑。一至五学年都在有条不紊地进行教学。

答疑时，老师对学生们提出的疑问和批改作业时发现的问题及时梳理，积极调动学生们的学习兴趣，以生生互动为主；再由学生作为"小老师"讲一讲自己是怎么想的；最后由老师点拨引导。通过生生互动、师生互动促进了答疑质量的提升。对有个性需求的学生会个别辅导，分层练习。

三、取长补短　不断学习

通过本周的巡课，及时掌握了各班教学与班级工作开展的情况，从中深刻地感受到只要符合自己班级的实际情况，并能让学生和家长们认同的方法就是教学最好的方法。同时，这也是一次非常难得的学习机会，有幸观摩了多位优秀老师的教学，真是受益良多。

在这段时期的巡课中，我们收获着、思考着，不断地将学习到的好方法运用到自己的实际教学中，大大提高了教学的实效性。今后，我们一定会继续全力以赴，保障着孩子们的学业进度。夯实课堂教学，我们在行动！

个人简介

王晓蕾

中共党员，一级教师，现任哈尔滨市实验学校大队辅导员兼任组主任。黑龙江省少先队学科骨干、哈尔滨市优秀团员，曾获哈尔滨市"烛光杯"课堂教学大赛特等奖。

以巡促教 以细提精

——哈尔滨实验学校小学部教务处巡工作

人间四月芳菲尽，山寺桃花始盛开。实验学校教学开课第八周的周三，教学工作稳步进行，这离不开每一位小学部老师的爱岗敬业和认真努力。在巡课的过程中，巡课老师们看到了大家的辛苦付出。今天各位学年主任、学科主任累计巡课共47节，听课23节。

一、教学有条不紊

在巡课过程中，发现了很多老师的闪光点，下面就分享给大家，大家可以互相借鉴学习：

五学年：班主任和科任老师都能很好地做到提前提示学生本节课的上课时间和重点内容，有的老师为避免耽误学生学习，将内容上传提示学生学习。

四学年：四学年各位老师课前准备充分，课件运用灵活。数学答疑针对小数的性质这部分进行了重点强调，语文对易错字进行重新讲解。

三学年：各位老师都能提前一天把上课内容发到班级群中，并及时下发课前提示语和本节课重点，每位老师都能做到紧密关注每位学生的上课状态。

二学年：各位班主任能做到及时总结一天的学习要点发到群里，老师进行答疑，对一起学习app上的习题答疑解惑，并提示学生做数学练习一定要进行验算，越简单的题越要认真对待；老师上传答疑视频，根据作业反馈，为学生剖析混合运算顺序的重点。

一学年：各位老师都能做到提前一天把上课视频发到群中，并及时下发课前提示语，关注学生上课状态。下午组织学生练习小卷，并逐个批改点评。

二、巡课总结凝练提升

正是因为小学部全体老师的努力和付出，我们的教育教学才能稳步进行。小学部各位老师一向追求精益求精，所以我们还是有一些问题需要改正：

（一）个别班级的学生还不能很好地执行老师下达地一些要求，存在马虎不认真的状态，还需要教师进行提醒。

（二）在完成教学任务的同时，根据学校要求，各位老师还要继续做好学生课上课下学习情况的督促工作。

以上建议请各位老师根据班级和学生情况自行调整，以确保每一位学生在线上教学的学习中能够有所收获。

每一份收获都包含了我们辛勤的付出和努力的汗水。对于学生来说，学习没有捷径，需要他们的脚踏实地；对于老师们来说，教育教学同样也没有捷径，需要我们用最初的心去坚守。期待大家在后续的线上教育教学工作中不断提升，为了我们共同的目标和教育初心，继续努力！

集大智慧玉汝于成　　展实验人教学风采
哈尔滨市实验学校

个人简介

王秋颖

中共党员，小学教育专业，一级教师，二学年学年主任。哈尔滨市四有好教师。曾获全国高师数学教育研究会优质课一等奖、市主题赛课一等奖。

实验护花人

——哈尔滨市实验学校小学部二学年巡课工作

2020年4月第二周的巡课给了老师们很大的触动，巡课领导们看到了实验教师教学工作扎实有效进行，中层领导巡课有法，为教学有序保驾护航。实验的老师们用满腔热忱，书写育人信念；用实际行动，诠释大爱师魂。

一、组织上课，用爱陪伴学生

每天清晨，老师们已经开始了一天的教学工作。老师们认真地给学生上好每一节课，充分利用哈尔滨教育云平台课程，依据班级学情展开教学。巡课时，总能看到老师们用温暖、鼓励的语言提示学生上课，嘱咐学生做好课前准备，每一句温馨提示语里都饱含着老师的殷殷嘱托和期望。老师们会将课上的重难点内容详细地转达给学生，提示学生做好笔记，掌握学习方法。每天课程结束，老师们还会将当天课程进行小结，做到今日事今日毕。

二、答疑辅导，保障教学质量

老师们课后答疑辅导，每节课都会精心准备，PPT制作精美，练习题讲解精细……无论什么样的形式，课前都会与学生提前沟通，课上积极和学生互

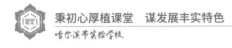

动,掌握学生学习情况。

(一) 英语老师的答疑辅导

英语老师答疑辅导,课前PPT准备充分,课上先带领学生进行知识点回顾复习,再进行练习题的讲解。每位英语老师对于重难点讲解清晰,语言精炼,发音纯正标准,知识点总结到位。

(二) 班主任答疑侧重不同

1. 低段一、二年级答疑辅导

语文学习,老师重点强调字音的朗读,字词的书写。数学学习,老师重在让学生说清算理,明确计算要求及方法。薄海婧主任答疑课,讲解练习题中较难问题的解题方法,练习题布置有梯度、有难度,让学生多见题型,提升学生数学思维能力。李清雪主任数学答疑课,重点突出,易错点训练讲解到位,都是干货不唠叨,答疑辅导实效性强。

2. 中段三、四年级答疑辅导

语文学习,老师在朗读、字词等方面对学生强化训练,特别针对作业中出现的错题进行总结梳理。三年级的语文老师根据综合实践课上的实验内容讲解作文,具有针对性,同时还将哈尔滨教育云平台的课程横向和纵向贯通、融合,让孩子们有据可依,有内容可写。数学学习,老师强调数学计算的重点要求。刘元梅主任的答疑辅导课,带领学生复习、巩固,提问时关注班级每位学生,发现学生有知识障碍,积极引导。

3. 高段五年级答疑辅导

语文学习,老师对字词、句段、阅读等基础内容进行巩固,强调答题方法,特别关注写作的训练指导。数学学习,老师重在梳理知识点,讲解数学习题的解题思路和方法,针对易错题进行强化练习。唐亚琴主任的课体现"较真"精神,对学生是否及时参与较真,对学生学习态度较真,对学生回答问题是否完整准确较真,让我们看到了一个关注学生整体和细节的好老师!胡春泽老师答疑辅导,她总结学生近期情况,为学生颁发学习进步奖状,鼓励学生学习。心思细腻的她,让学生在鼓励中得到肯定。

落红不是无情物,化作春泥更护花。老师们就是这护花、育花的勤劳花匠,在教育教学上,为了学生们的健康成长辛劳付出。他们初心不变,毅然坚守,护花成长,他们是最优秀的实验护花人。

个人简介

段术峰

哈尔滨市实验学校高级教师，实验学校宣传部副主任，七年级语文备课组长。黑龙江省师德先进个人，哈尔滨市语文学科骨干教师，市四有好老师，市优秀班主任。

一路践行　中考筑梦

—— 哈尔滨市实验学校中学部

2020年是不平凡的一年，2020年仿佛经历了一个世纪的跨度。这一年实验学校九年级语文教学为了打赢这场中考战役，从教学方法、问题反馈、反思调整、创法融入几个方面进行反复调整，不断集备打磨。打造高效课堂，为实验学子中考圆梦。

一、名师课程引领　研磨实效课堂

(一) 观摩名师教学，集备知识平移

2020年面对中考的重压，实验学校本学期在2月24日便正式进入毕业班语文教学模式，教学中，段老师侧重名师智慧引领，注重课堂的知识讲解，由此引入课堂，进行知识平移。结合实验语文教学实际情况，按照预先做好的教学计划，有计划有步骤地讲授课堂内容，再结合班级学生的学习现状落小、落细、落实教学内容。

(二) 教学内容细化，明确课堂目标

2月份段老师主要复习说明文内容，利用一周的时间讲解说明文的中考

考点，选择近三年的说明文试题，讲解内容，分析考点，归纳方法，总结提高。同时集中团队力量，集体观看市级中考示范导向课，摘录重点，解析难点，研磨课程，平移课程。力求让学生能更好地消化吸收，完善知识储备。其中一次说明文句子含义练习的教学就激发了全班学生的学习热情，一个题型，多文训练，王凯明同学曾言："从来都是云里雾里的知识作答，今天的课堂讲解以及理论分析，一下子便'拨开云雾见太阳了'！"

3月份重点进行记叙文中的"结合语境进行情感推断和想象"中考难点训练，王瑞琪同学的一句精妙总结，更是让课堂推理分析达到前所未有的高度："依据文本内容进行推断和想象要做到三看——看人物描写、看故事情节、看关键词。"这是个体智慧，也是小组合作探究的结晶。因为课堂研磨、探讨深究、团结合作让孩子们有更广阔的思考空间，更庞大的资料搜集平台，更迅速的知识容纳采集，才有更绚丽的智慧火花。

4月份重点是议论文阅读复习及名著和文学常识巩固。添加了作文的审题和立意教学。

(三) 选材构思教学，调整课堂节奏

2020年的中考教学，是对学生自律的考验，同样也是对教学艺术的磨练。段老师更细心地分析要点，更精心地策划课件，更耐心地进行辅导，总之得"一人多心"。2020年中考时间延后，时间的拖延导致有的学生逃避写作业，相互抄袭习作，失去了刚刚进入课堂教学中的那种竞争感，而且这种思想迅速蔓延，不断扩张。4月份区里决定进行全区零模测试，针对阶段教学进行阶段性评估，段老师也参与其中，进行命题训练。这也是一针强心剂，能让学生松散的神经得以紧绷。在4月份区零模的备考中，针对个别淘气的学生逃避提问、基础作业惰于行笔、作业改错难于落实的现象。段老师在课堂教学的同时，加大了有针对性布留作业的力度。"七天"成了每天中午睡前的

"甜点"。她的学生孟先文曾戏谑地声称:中午"甜点"如果你不认真品出"甜"滋味,那么下午的语文课你一定会得到段姐的一杯"苦咖啡"。

二、发挥互助优势　链接群体智慧

(一) 群力群策,探究教学问题

再有力量的雁群也需要领头雁。每一次课堂精彩内容的呈现,每一个生命火花的碰撞,每一面笑意盈盈的展现都离不开集体智慧。为了提高语文教学的实效性,刘翠主任都会积极参加,细心指导。她针对九年级语文教学提出比较有建设性的建议,例如基础夯实方法的总结,阅读类型题的归类,学生易错考点的归纳;阶段性测试练习;套题习作的时间节点;诗词鉴赏的加入等等。正因为有她的指导和建议,面对网络教学老师们心里更踏实,明确方向,稳步前行。

(二) 贯彻落实,发挥团队优势

无论是什么样的教学都要把家校配合运用到极致。针对课堂中学生存在的问题,段老师利用下班时间汇总,然后搜找类型题进行辅导。充分利用家校配合的优势,每周基础小测,每月综合测试,测试后进行课堂小结,尤其是区零模测试,及时召开家长会,针对本次测试及时反馈。调整把握教学节奏,遵循测试规律,研究落实考点,再整改。每次课堂教学就是不断摸索、不断微调的过程。

(三) 同创同融,链接群体智慧

有测试,有小结,这就要求老师挖空心思搞创新。段老师会针对近期学生的学习情况,调整教学节奏,把控课堂重点,在教学课件中穿插他们喜欢的视频内容、吸引学生的图片信息,在课堂教学中尽量全体都打开视频,生生互动,师生共融。在作业的布留中,她针对不同层次的学生进行分层作业,尽量让工作细化到没有漏点。

三、共创学习生态　共享教育资源

为贯彻新区教学新思想、新理念，本学期段老师还担任对青一中、对青二中以及实验学校的巡课任务。她与对青一中的王坤雨老师、对青二中的魏淑芝老师在巡课中渐渐熟识，针对学校学生的现状进行探讨，讨论怎样更有效地进行教学内容添加，最大化地扩大农村学生的知识面。实验学校九年级充分利用云平台课程，共同解决基础夯实不够、监测力量不足、个别学生懒惰的教学难题。

一场没有硝烟的战争，一次团结互助的历练，实验人栉风沐雨而来，集大智慧打造高效课堂，教研改铸就新区师魂。

个人简介

李清雪

中共党员，高级教师。获哈尔滨市四有好教师、哈尔滨市科研工作先进个人、哈尔滨市"烛光杯"课堂教学大赛特等奖等荣誉。

夏日芳菲悄然近　校园复课巡课忙

——哈尔滨市实验学校小学部教务处巡课工作

夏日芳菲悄然近，校园复课巡课忙。今天是实验学校微课授课的第十七周。临近期末，事务繁杂，但依然能看到认真又执着的老师们。感恩大家的付出，实验学校的老师们继续努力，共同携手前行。看，这是校园角落绽放的一朵小花，送给老师们。

一、线下复课的忙碌

当校园从暗夜的沉睡中苏醒，忙碌的身影便穿梭于校园之中。清晨，戴着口罩的少年们跃动操场，灵动而有序。这是五年级学生复课后的第四天。为了保障学生线下学习的秩序与防护安全，艳丽校长带领值岗的领导与老师为他们保驾护航。第一节上课后，郝校长巡课到小学部，驻足期许少年的成长。听，孩子们朗朗的读书声如天籁之音荡尽时间尘埃。

二、线上授课的精彩

一到四年级还未复课，但依然能看到老师们辛勤的身影在活跃。上午，四年和二年级的老师们开始微课答疑活动。

集大智慧玉汝于成　　展实验人教学风采

　　四年级的老师们，早晨就开始忙碌的答疑工作。老师们都设计了有层次有梯度的练习带领学生巩固知识，学生积极上麦参与。老师们尝试让孩子进行自主讲解题目，教师随机点拨，强调题中的易错点。唐亚琴主任在语文、数学视频会议答疑中讲解试卷上的易错习题。学生能主动发现易错点，并积极互动分享。姜珊老师的数学答疑，形式符合学生年龄特点，充分调动学生参与积极性。李今虹老师数学答疑，带学生复习统计这部分知识，对复式条形统计图的易错点进行详细讲解。

　　二年级的美女老师们提前把课程安排好。在答疑时，她们更注重与学生互动，非常有耐心，采用启发和鼓励式教学引导学生进步。薄海婧主任带领学生进行数学总复习，条理清晰，有针对性。孟燕燕老师答疑进行试卷讲评，表扬优秀的孩子，对易错点进行讲解。李阳老师上传答疑视频，对昨日的作业进行指导，注重过程的推理，分析清晰。陈艺萌老师上传答疑视频，用假设的方法帮助学生理解推理问题。

　　下午，烟雨蒙蒙。三年和一年级的老师们准时答疑。

　　三年级的老师们，集中讲解《资源与评价》中典型的问题题目。老师们在共享屏幕上分享课件，更为清晰直观地展示了多种不同解题思路。通过计算、比对引导学生找出最优化的方法。刘元梅主任重点练习几道思维拓展题中难度大的练习题，目的是拓宽学生思路，提高学生解题能力。王艳丽老师的课堂上，孩子们积极自主发言，班级授课氛围非常好。高博老师在授课时，及时鼓励学生。

　　一年级的老师们已经进入了复习阶段。老师们通过答疑和孩子们共同回顾所有知识点，再结合具体实例讲解、回顾。学生积极在公屏上互动参与。老师们的教学方式不同，但都有一个共同的目标，就是帮助学生们理解当日课程重难点。大家都能够从自己班级实际特点入手答疑，与学生积极互动连麦，提高学生参与的兴趣。

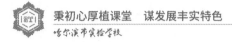

三、云端教学的收获

小学部老师们的微课授课都达到了很好的效果。教师们准备充分,能挖掘出各自课程的特点,精心准备课堂,给孩子们呈现出了最好的课堂。实验学校在抓安全的同时,也要抓好课堂的质量。延期开学期间,学校突破时空障碍架起学习的桥梁。实验教师们精研细磨,智慧教学,学校领导积极督导,有效巡课,齐抓共管。

夏至已到,硕果可期,实验学校将在微课教学中历练成长,快速提升。希望全体师生一起努力,继续前行!

教学叙事

打造高效课堂　力争实验中坚

个人简介

唐加森

中共党员，哈尔滨市实验学校教务处副主任，中学一级。市四有好老师。获国家课例一等奖，省教学设计大赛特等奖，市、区精品课一等奖。省、市、区优秀指导教师。

实践铸专业　反思促成长

教学反思主要指教师通过思考教学活动的过程,分析、审视自己的教学行为、决策和结果。另外,在反思阶段,教师还能够针对存在的各种教学问题展开分析,从而探究出相应的解决策略。除此之外,教师不断地进行教学反思既能够提高教学效率,同时还有助于推动自身专业能力的发展。基于此,文中重点论述了初中英语教师通过反思促进专业成长的方法。

一、初中英语教学存在的问题

首先,教师的专业素质稍低。与其他学科的教师相比,对英语教师的专业素质提出的要求更高。这主要是由于英语单词的发音、语法、语感等方面不同于汉语,教学任务比较繁重,完全能够胜任此项工作的一线教师并不多,为此,非常有必要提高初中英语教师的专业素质。

其次,教学方法缺乏创新。由于受到固定思维意识的制约,初中英语教师仍然采用传统的英语教学方法来开展教学,因此,无法在短期内对其进行创新,从而难以符合新课改的基本要求。

最后,教学内容过于陈旧。教学内容过于陈旧始终是初中英语教学中的一个主要问题,加之创新离不开专业的能力,并且还存在风险,因此,大多数教师依旧倾向于传统的英语教学内容,从而无法有效地调动学生的学习积极性,由此可见,教学内容的创新也是一个亟待解决的问题。

二、初中英语教师基于反思推动专业成长的策略

(一) 网上冲浪,涉猎各国文化

英语作为一种世界通用语言,其文化内涵十分深刻。为此,初中英语教师应该对文化背景知识方面的教学引起重视。通过网上冲浪,查找不同国家的风土人情,文化习俗,并将其渗透在课堂教学中,让学生吸收更多西方文化知识,开阔他们的眼界,从而帮助其对文章内容加以深入理解。以七年级下册Unit 5 " Why do you like pandas?"这一单元的教学为例,课前,教师应该利用互联网查找不同国家的文化背景知识,以此来丰富自己的知识内容。此单元的教学目标是要求学生灵活地运用英语对自己最喜爱的动物进行描述,例如:dog、tiger、panda 等。所以课前,教师应该在网上搜索" dog "这个单词在中西文化中分别表达的不同含义。"dog"在汉语中常常为贬义,形容一个人非常凶狠恶毒。然而,"dog"在英语中却代表褒义,往往形容某人非常老实,例如"a lucky dog"等均表达了dog 的褒义。为此,在讲解"dog"这一单词时,教师既应该引导学生认识此单词,同时还需要详细讲解其词义,以此来帮助他们充分了解中外文化之间存在的差异。

教师在进行网上冲浪的过程中,可以获取到大量课本中未涉及的内容,从而不仅便于其补充课本内容,而且还能够保证学生在学习过程中对所学知识充分掌握。所以,在开展初中英语教学的过程中,教师应该不断地反思教学内容,并加强对先进信息技术的应用,以此来完善自己,进而能够实现师生的协同进步。

(二) 建立档案,优化个性行为

在开展初中英语教学的过程中,教师往往会存在一些不足之处。如果教师未能对自己的不足之处引起足够重视,就会大大地降低教学效率,从而必然会对其成长产生阻碍。所以,初中英语教师既应该针对自己的课堂教学开展情况建立一个档案,同时还要不断地对自己的教学行为进行反思,客观地评价自身的教学行为,发扬优点,完善不足。以七年级下册Unit 3 "How do you get to school?"这一单元的教学为例,教师就可以采用建立档案的方法对自身的教学行为加以优化,以此来丰富教学过程。此单元的教学目标是要求学生能够运用英语讨论自己和周围的人上学、上班的交通方式,例如: bus、taxi等词语。然而,在实际教学中,学生并不能充分掌握所学知识,学习效果不是很理想。基于此,教师应该进行教学反思,找出导致此种问题出现的原因。结果表明,教学方法缺乏多样化是主要原因。为此,再次开展课堂教学时,教师应该采用多样化的教学方法来组织开展教学活动,如,全班读、男女生读、横竖排读等,以此来增强学生的记忆。或者是将一些带有交通工具的图片展示给学生,然后,将他们划分为若干个小组,每组两人进行对话,以此来加深其对交通工具的了解。从某种程度上来看,采用建立档案的方法,教师能够立即发现自己需要反思的教学行为,因此,在下节课的教学中可以对其加以改进。长此以往,教师一定会变得越来越完美。

(三) 参与教研，让知识实现重建

大量教学实践表明，教研活动在提高教师的教学能力方面发挥着十分有效的作用，然而，通常情况下，教师并未对此种方法引起足够重视。这主要是由于一些教师指出，自己的教学方法与其他教师所采用的教学方法之间并没有存在明显差异，因此，导致他们参与教研活动的积极性较低。实际上，教研活动和实际的课堂教学之间存在着紧密联系，教师之间在展开交流和讨论的过程中，除了可以调动思维，对自己的教学行为进行反思，还有助于推动自身的成长。以八年级下册Unit 6 "An old man tried to move the mountains." 这一单元的教学为例，课前，教师之间应该展开调研，以此来实现对知识的重建。此篇课文讲述的内容是愚公移山，在教学研究活动中，教师之间可以借鉴各自的教学方法。比如，学生对文章进行阅读前，有的教师先向学生提出了几个问题，这样他们就能够有针对性地进行阅读。接着，让他们细读，了解课文的中心思想。然后，再让其进行跟读。在此过程当中，如果教师发现了学生的错误发音，必须及时对其加以纠正。最后引导学生对课文进行朗诵，并应用brave、clever、hero、fight against等关键词来复述故事，以角色扮演的形式将其表演出来。整个教学环节实现了有效衔接，因此，极具参考价值。

从某种程度上来看，调研活动的组织开展既有助于激发教师的思维，同时还能够提升专业能力，因此，初中英语教师应该积极采用此种方法来推动自身的成长。

(四) 结合学生作业与考试情况，反思教学效果

目前，在开展初中英语教学的过程中，教师仍然通过学生的作业完成情况以及阶段性学业检测来评价学生。教师对学生作业进行批改的过程中，能够了解他们存在的问题。比如，如果某个句型或语法点经常出错，教师就应该对导致此种现象出现的原因进行反思。另外，基于对期中期末考试成绩的

分析，并对不同题型的答题情况加以梳理，教师还能够充分了解学生是否较好地完成了某一阶段的学习目标，从而可以将此阶段的教学效果体现出来。除此之外，教师还应该进一步反思此段教学工作的开展情况，哪方面需要加以改进。

结束语：

综上所述，英语是初中教育教学中的一门主要学科，要想提高学生的英语学习效率，就必须提高教师的专业水平。从某种程度上来看，英语教师的成长是需要一定时间的，其中，教学反思在此方面起着不容忽视的作用。为此，初中英语教师一定要注重反思，只有这样，才能够提高初中英语教学质量。无论怎样，教师都应该积极采用多样化的教学方法来开展教学，反思自己的教学行为，以此来推动自己的成长。

个人简介

徐斌

二级教师，哈尔滨市实验学校初中部体育教师兼后勤服务中心干事，曾多次获得省市区论文、竞赛、赛课、展示等奖励。

强健身心　拥抱未来

一、群英荟萃　蓬勃向上

健康综合教研室是集体育、心理、校医于一体的综合性教研组。健康综合教研组的教师们是一群年轻、活泼、奋进的年轻人，在王彦文主任的带领下，每个人都发挥其特长，在教研组内百花齐放，各自展现着自己的才能。组织或参与各种大型活动和表演展示时，都能看到组内教师或忙碌或光芒耀眼的身影。

二、立足根本　常抓教学

体育者，人类自养生之道，是身体均匀发达，而有规则次序之可言者也。体育课不仅仅是自由活动课，尽管有很多学生喜欢自由活动，但有可能是那些学生没有真正上过一堂优质的体育课。要想学生真正喜欢上体育课，首先一定是要吸引学生学习的兴趣，要了解新时代学生的喜好。教师要不断与时俱进，拉近与学生生活、思想世界的距离。其次，教师要不断学习新兴教学手段，不断提高自身教学素养，适应新时代的要求。通过网络或者书籍，常常能见识到许多优秀教师的教学视频和教学案例，从中取长补短优化自我。

积极与同事们交流教育心得，再结合所教年级学生的水平情况和学生情况及特点，带给学生无比丰富且适合身心特点的知识内容，给学生每天忙碌的学习生活带来无限的快乐和无穷的动力。

三、鞠躬尽瘁　服务实验

健康综合考研室的成员，每个人都发挥其优势，担任着各种教学和干事的职务，扎根于学校各个部门，承担着不同的工作。用体育人的精神在服务于实验，为学生带来丰富多彩的体育运动的同时，也给实验师生带来安全服务保障。健康综合考研室最大的快乐就是看到那一张张天真、可爱的笑脸，听到那一声声清脆的问候。对学生"唠唠叨叨"地进行安全提示，老师们乐此不疲。安全工作重于一切，学生的安全就是老师们最大的欣慰。

我辈当自强不息、不负韶华、不负期望，以奋斗创造美好未来。相信在郝岚校长的带领下，学校一定能够蓬勃发展。全体教师、实验紫冰花少年、实验紫冰花宝贝们将实验砥砺前行，拥抱更美好的明天！

个人简介

穆姝含

教育学硕士，国家三级心理咨询师。哈尔滨市实验学校班主任、语文教师、经典诵读课程负责人、"大学十一讲"讲师。曾获黑龙江省班主任大赛一等奖、哈尔滨市教师书法比赛一等奖。

生如朝露师如晖　功夫不负有心人

八年一班是一个可爱可期的班级，说它可爱，是因为这里有着一群让人暖心的孩子，无论日常琐碎有何摩擦，最终都能相互理解、相互取暖；说它可期，是因为这里的孩子们就像一株株正在生长的向日葵，逐渐乖巧，逐渐掌握学习方法，正以一个好的姿态走向他们的未来。老师们一直坚信：博观约取，厚积薄发，等待着在未来的某一天，所有期冀都开出美丽的花。

班主任是班级的"领航者"，班主任工作一直是平凡且烦琐的，但在这平凡和烦琐下，却蕴藏着无限的价值和意义。班级管理是班主任工作的重点，既是一门学问，也是一门艺术，是带有鲜明个性化特点的教育教学技艺。

教育学家爱默森说过一句话：教育成功的秘密在于尊重学生。以爱动其心，以言导其行。严格的要求不仅仅是训斥，也可以温柔地表达，可以用民主、平等、信任的方式表达。教学几年，虽时间不长，但对温柔的力量却稍有感触。

一、巧妙鼓励促学生只争朝夕

无论多大，孩子始终是孩子，成年人的管理中亦需要适当的激励和表扬，孩子怎么能不需要呢？对此，穆老师采用两种方法激励其学习行为。首先，班级的评比制度不能少,细则可以根据班级情况而制定,穆老师习惯于将红旗评比不分卫生、不分学习、不分纪律地放在一起,不仅仅是节省了许多判断的精力,而是因为她始终认为,这些都是一个孩子综合发展的必要因素,无论哪一方面,最终都将汇聚于个体身上,这样反而会给孩子一种意识,各方面都优秀才是真正的优秀!另一方面,她在班级设立"光荣榜"专栏展板,创设学霸榜,即总分前三名和各单科前三名。每次考试后,将学生照片灵活变换位置,以此激励学生们向前看。有的学生还会默默地数着自己的照片出现了几次,每次考完试,新上榜的同学就会不停地缠着穆老师换照片。虽是小小一举,却真真切切地起到了激励作用,让学生们积极向上,为了更好的成绩而努力做最好的自己。

二、科学惩戒方感悟温柔之力

老师们一直鼓励赏识教育,倡导表扬,但学生也经常会犯错,犯错时老师必须有适当的教育惩戒,但作为班主任,在教育惩戒中一定要遵循一个最大原则——教育性原则。你所做的一切都是为了教育学生服务,而非发泄个人私欲,所以一定要讲求方式方法。各种形式的教育惩戒如果缺少了惩戒后的及时帮扶,便没有了意义。班主任的惩戒要想有效,就必须清清楚楚地告诉孩子,错误是什么,并且要及时安抚,给他尊重与鼓励,这才算完成了教育惩戒的全过程,如此坚持下去,一定会看到孩子的改变。

三、悉心陪伴共筑造师生情谊

班主任每天的生活都与孩子们密不可分,除了教学,其实可以共同品味更多美好的话题和精彩的瞬间,作为班主任,穆老师特别喜欢看到阳光下,少年们奔跑的背影。春日万物复苏时,师生们在一起看冰雪消融;夏日炎炎烈日下,师生们一起静盼微风;秋日万物收获之时,师生们一起倾听落叶之声;冬日白雪皑皑时,师生们一起等待新桃换旧符。一年四季美好的时光太多,老师们事事参与,习惯于用镜头记录下他们成长路上的每一分每一秒,闲暇时一起回味,孩子们会从陪伴与眼神中感受到殷切的希望与真心的爱护。老师越爱他们,他们越爱老师,老师的话他们愿意听,不对的地方愿意改,那么,师生之间便少了许多声嘶力竭,更多的是互相理解与心里默默地惦记。

班主任是学生在校时的家长,能给予学生诗一般的校园生活和童年经历。做一名内心向阳、教学有方的班主任,相信在不久的将来,学生们也会与之一起向阳而生,绽放出属于自己的幸福。

作为教师,总是在谈"教育",然而,可能真的经历过、努力过、耐心过、收获过才能明白师者如何!孩子们永远就像拂晓时晶莹的露水,而教师的爱与引导就是他们等待的朝晖。在教育的路上,始终要相信,一棵树能滋养一棵树,一朵云能推动一朵云,一个灵魂能成就另一个灵魂!

个人简介

韩旭侠

高级教师，哈尔滨市实验学校道德与法治教师兼备课组长；哈尔滨市级学科骨干教师，哈尔滨市初中政治卓越教学团队成员。

守正创新探思政之路　立德铸魂育时代新人

习总书记强调，思政课是落实立德树人根本任务的关键课程。这不仅让韩旭侠老师对自己所学专业的价值和意义有了更深刻的认识，更让她多了一份"理直气壮"的专业使命感与自豪感，这里主要谈一谈实验学校在思政课上几点创新的做法：

一、守正创新　探思政之路

（一）以时政播报　培养学生洞察力

时政播报每周一次5～10分钟，5～6人一组，每周轮换并做好记录。小组分工合作，有人负责搜集时政新闻，有人负责PPT课件制作或动画演示。等学生播报结束，再对优点加以肯定，比如播报人声音洪亮、语速适中、举止得体、很有播音员的范儿等。同时老师还要补充一些有价值的新闻事件或让学生进行点评。由此，潜移默化地培养了学生对时政的敏感性和洞察力，也培养了表达能力和评析时政能力。

（二）以思维导图　锻炼学生逻辑力

在日常教学及专题复习过程中，指导学生从冗长繁杂的文本中提取核心词，经过发散性思维，用箭头图形将这些核心词进行串联，将其内在联系可

视化、外显化，形成思维导图。利用思维导图，不仅有利于教师整合教学内容，理清教学思路，也有利于学生在讨论分析材料过程中掌握知识、提高学生对思政课的学习兴趣。

(三)以社团活动　提高学生参与力

为适应大中小学思政一体化建设，学校本年度设置了和思政课相关的社团课程11种。比如财商社团、国学社团、大学十一讲等。社团活动作为活动课程的重要教学形式，是学科核心素养培育的重要途经。社团活动可以活跃学校的学习氛围，丰富学生的课余生活，提高学生的自我管理能力。

二、立德铸魂　育时代新人

新时代的思政课要以贯彻落实党的十九大精神和习近平新时代中国特色社会主义思想为核心。注重核心价值引领，落实立德树人教育目标。

(一)引领意识形态　增强学生政治认同

通过让学生关注"青年大学习"公众号学习，通过主题演讲、讲好学科故事等活动引导学生认同主流意识形态，培养学生对党的路线方针政策的理性认同，有助于学生牢固信仰之基、补足精神之钙、把稳思想之舵。

(二)注重学科价值　培养学生法制意识

学校通过举办法制知识大赛、模拟法庭等活动，使学生明辨是非，增强法制观念，以实际行动维护法律的尊严和权威，提升社会责任感。

(三)聚焦社会生活　培养学生科学精神

学生通过参观科技馆、参加学校的卡魅特色课程，感受科技魅力，进而树立科学精神。

(四)承载家国情怀　引领学生公共参与

通过社会调查、社区服务等活动，引导学生关注国家建设，激发学生爱国爱家乡的情感。带领学生积极参与公共生活，承担社会责任，落实报效祖国家乡的实际行动。

(五)坚持以生为本　落实立德树人

立德树人是教育的根本任务。中国学生发展核心素养,深入回答了"立什么德,树什么人"的问题,即培养全面发展的人。引导学生树立正确的学习观、世界观、价值观,促使学生学会学习、健康生活、责任担当,实现从学科中心转向对人的全面发展的关注。

作为思政课教师,要用真心、注真情,做学生的一面镜子,使学生"亲其师,信其道,学其理,仿其行",当好学生引路人,做守护教育的追梦人。

个人简介

赵忠宝

中学一级教师，哈尔滨市实验学校初中部教务处副主任、九年级数学备课组长。2019年中考数学学科阅卷教师。曾获得哈尔滨市"烛光杯"赛课特等奖。

发挥学生主体地位 提升课堂教学有效性

数学是初中生在学习知识时需要面对的主要学科之一，学生熟练掌握系统、全面的数学定理、公式等能够有效提高他们的应用能力、应变能力、逻辑能力和思维能力。数学教师在八年级数学教学过程中，要注重引导学生成为数学课堂中的探索者、发现者和创新者，使他们能够在发挥主体作用的过程中感受到数学学科的魅力和奥秘。

一、增加高质量数学资源，开阔学生知识视野

随着学生学习能力的不断提高，以及学生思维能力、逻辑分析水平的提高，学生的高阶思维能力需求也更加明显，为此，相比七年级数学知识，八年级数学知识量更多、更深入、更全面。初中数学教师要想在这样的教学现状中突出学生的主体地位，就必须努力更新自身的教学思维、教学方法、教学手段，并通过更加新颖、灵活的教学资源优化学生对数学公式、定律的认知和掌握水平。

二、重视生活与教学之间的关联性，提高学生实际应用能力

初中数学知识与学生的实际生活经验仍然有很明显的共通性，再加上数学课程标准的相关要求，数学教师应当在数学教学中积极联系学生的实际生活，使他们在观察和感知实践经验的过程中，探索数学理论知识对实践的指导作用，进而有效提高学生对数学知识的应用意识，引导他们在熟练掌握数学知识的基础上积极结合具体的数学场景，以此促进学生综合应用能力的提高。

三、注重公式方法教学，提高学生对知识的建构能力

由于八年级的数学教学是初中数学教学的重要组成部分，大部分学生的初中数学知识基础都受到八年级数学教学的影响，他们需要在这个阶段中掌握和领会大量的数学公式、定律知识，进而为之后的更高阶数学学习奠定基础。因此，数学教师要想学生在学习过程中充分发挥自身的自主学习能力，就要尊重学生的主体地位，保证学生数学学习能力的提高，考究班级学生在学习数学知识时所遇到的困难，从而"对症下药"，在根源上解决学生基础知识水平差、思维僵化的问题。

四、激发学生创造能力，重视课外延伸

适当的课外延伸能够在一定程度上增强学生对知识的理解能力，同时满足学生的探索需求。因此，数学教师应当适当结合课外数学知识内容，在夯实学生的数学学习基础的同时，引导学生积极探索更加广阔的数学知识天地，通过了解和接触更多的数学题型感知同一数学公式的不同出题方式，进而有效激发他们对数学知识的好奇心和学习兴趣。

数学教师在课堂教学的拓展延伸过程中，应当利用小组合作教学等活动引导学生开展探讨式学习，使他们在相互分享、质疑、辨别的过程中学会基本的数学解题方法，同时增加数学教学的趣味性。教师在这个过程中要注意减少对学生的干预，用点拨、引导代替传授，充分尊重学生的思考成果和个性化想法，在适当化解各个小组学生分歧的过程中开发他们的创造性思维，充分相信学生们的学习能力和思考能力的同时，不盲目高估每个学生对知识的探索能力，用更加客观、理性的教学思维凸显学生这一学习主体，尊重和唤醒他们在教学中的主体作用。

秉初心厚植课堂　谋发展丰实特色
哈尔滨市实验学校

个人简介

郝俊杰

中共党员，中学一级化学教师。任九年级化学组备课组长。优秀教师，优秀班主任。2015年被聘为东三省化学优质课评选活动的评委。

执教醇笃　铸魂育人

爱因斯坦有句名言："兴趣是最好的老师。"作为化学的启蒙教师,如何激发学生的学习兴趣,让学生喜欢化学,喜欢化学课堂,是郝俊杰老师一直深思的问题。在开学第一课中,八年级化学组为学生们准备了烧不坏的手帕、魔棒点灯、吹气生火等一些神奇的小魔术,这些创新的小实验是化学的核心素养"实验探究和创新意识"在课堂中的体现。利用这些化学的小魔术,引出悬念,能大大地激发学生的学习兴趣。让紫冰花少年喜欢化学,喜欢实验。

教学中郝老师比较注重与学困生的情感沟通,从而构建和谐平等的师生关系。

一、亲师尊师共奋进　关生爱生共成长

古人云："亲其师,信其道。"作为一名教师,首先要尊重学生,只有尊重学生的人格,才能从本质上热爱学生,学生才会亲近老师。八年级的化学比较简单,因此郝老师本着不抛弃不放弃的原则,尽量关注到每一个孩子。在这里要感谢八班的班主任老师,在开学前把班级每一个孩子的性格、成绩等

逐一地向郝老师介绍，这些信息为教学提供了很大帮助。

二、攻克障碍常沟通　感动心灵勇前行

在开学初期，对于学困生郝老师采取的是以信任和鼓励的方式，增进师生间情感的交流，从而调动学生的学习积极性，使整个课堂亲切、自然、愉快、顺畅。在上课时提问较多的就是班上的学困生，郝老师会及时给予肯定，从而融入他们、关心他们，用心去聆听他们心底那最真挚的声音。郝老师对孩子们付出的是真心，收获的是幸福与感动，感动于他们知道自己化学可以考60多分时，那份自信的笑容。让学困生也充分享受成功的喜悦，找到一份自信，更加喜欢学习化学，这对于其他同学也起到一个很好的激励作用。

三、激发潜能增自信　突破自我创佳绩

对于七班学困生比较多的现状，郝老师付出了更多的心血。在班级采取每个学困生都有一名同学负责督促的形式，最重要的是及时与家长沟通反馈孩子的情况，开学一个月，郝老师与多位学困生的家长进行了有效的沟通，也得到家长的认可和积极的配合。郝老师经常与学生进行坦诚对话，使学生觉得教师可信、可亲，才能更好地学习化学。

回顾教育教学工作，郝老师全身心付出，虽然偶有失败与无奈，但更多的是成功的喜悦和满足的微笑。郝老师将继续用鼓励和爱心去点燃学困生的"心灯"。

星光不问赶路人，岁月不负有心人，愿紫冰花少年在追梦路上平安健康，勇往直前！

秉初心厚植课堂　谋发展丰实特色

个人简介

侯雨彤

音乐教师，"丝语"琵琶课程讲师，雅美书院助理。2020年获哈尔滨市中小学(幼儿园)线上教学"精品课程"一等奖。

音乐"微"教学　点亮"心"技能

时代的进步让人们的生活与工作一直在不断更新，信息技术的飞速发展带来诸多便利，为大家提供了捷径，但实验学校的教师们并没有就此偷懒，依然各司其职，在自己的位置上努力着、前进着，让自己跟上时代的脚步，变得更优秀。

一、课程上"线"寄初心

随着信息技术2.0的推进，让教学不仅可以在"台前"——站在讲台前，更进一步转战了"幕后"——坐在屏幕后。特殊的教学方式不仅让侯雨彤老师成为新晋"网络主播"，也让她"被迫"增加了"新技能"——微课录制。开学初期，艺术综合组对微课程进行规划，音乐学科首先推出了"走进国乐"系列。课程理念本着对国乐的普及与推广，而琵琶，永远都是侯老师的初心。

虽然微课是侯老师没有涉及过的领域，但内容她还是很有底气的，不仅因为主角是她的"老朋友"，课程内容也是以原已成型并取得些许成绩的"琵琶诉"一课为基础，再进行拆分细化。这些"底气"使得侯老师在最初规划时信心满满也充满期待。

二、"录"艰道远存恒心

也许是因为没有"观众"让侯老师更加放松,在语言表述与肢体动作方面侯老师也大胆了许多。虽然录制很辛苦,短短的五分钟成品的背后就要有一整天的录制加一整晚的后期,但她觉得这也是一种享受。第一期《走进国乐·琵琶》推送成功后,已经看"烂"了的视频她还是反复看了好多遍!除此之外还有哈尔滨市教育云平台课程的录制任务,在接到通知时,侯老师内心只有这句话——尽力做你应做的,尽你所能,自然会有最好的安排在前面等着你。无论前期付出了多少,在网络上看到录制好的课程,满足和自豪感是与付出成正比且成百上千倍的!

三、"教""学"相长暖人心

在"走进国乐"系列微课录制中,侯老师作为初级指导,协助孙冠英主任完成微课的审核工作,从一开始的小心翼翼,恨不得把一切都拿过来自己完成,到最后看着自己帮助的小伙伴"出师",真的是幸福感满满!这个过程也是一个更好的自我提升过程,通过别人审视自己,就是一个再升级,站在另一个高度,思维与能力都得到了提升!

在"走进国乐·二胡"系列的指导工作中,侯老师对课程讲师谭丽娜老师"步步紧逼",每一期微课都直到推送完成才算告一段落。在一次审稿后,侯老师对她说:"虽然我知道反复修改是一件备受折磨的事情,但是就算不想让你麻烦,我还是会毫无保留地将我的意见说出来,并且一直'烦'到我挑不出毛病为止。"侯老师深知推翻再重建时反反复复的折磨,但她更清楚可以更好却没有做到时无可奈何的失落。虽然成长的路径不同,但过程大都相似,当大家在同一条路上时,这条路似乎就没那么难走了。

经常有人觉得现在上微课相对来说很轻松,却不知做微课从来不是一件容易的事情,但它是一件幸福的事情。它让成果实体化,让成长有迹可循,它就是每位老师的专属印记。所以，全力以赴，享受其中！时代在进步，教师也是一样，你远比想象的更加有潜力！

永不停下前进的脚步，永远都做更好的自己！

个人简介

张秀丽

中共党员，副研究员，现任实验学校小学部三年一班班主任。多次获校级精勤奖和满勤奖，被评为校"师德先进个人""优秀班主任""教学能手"。

家校互助　共育冰花

在孩子的成长中，学校教育和家庭教育是一个共同体，只有两者形成合力，才能助推孩子的成长。在这个信息飞速发展的时代，我们可以探索家校合作的新模式，一起不断努力前行。

一、关注学习　为学生答疑解惑

（一）作业答疑，检验学习

在教学中，张秀丽老师利用"一起作业"这个软件，给学生布置一些数学小练习。这里的题目图文并茂，孩子们都比较喜欢。可以智能批改，还有解析，非常方便。后来她又尝试钉钉群里的"家校本"功能，这个软件可以实现一对一地圈画批改，有错误还可以打回订正，方便了批阅和查阅作业，也让她更好地掌握学生的学习情况。

（二）多用鼓励，总结成绩

无论是"一起作业"，还是"家校本"里的作业，只要是孩子发给张老师的练习，除了批阅对错外，她都会附上一句简单的评语，比如"今天你非常棒，你真是数学天才！""你有学习数学的潜力，继续加油！"。一句短短的鼓励语，对于孩子学习数学可以产生无穷的动力。

二、家校共育　教书育人并举

(一) 关注特殊孩子，携手家长共育

张老师的班级有一个男孩，开学初落下一段课程，继续学习后出现错误特别多，即使是简单的口算题，也能错好几道。张老师单独和家长沟通后，每天给他布置一些简单的题目，让家长给他计时完成，完成后发给老师批改，根据错题多少，张老师给他颁发不同的电子小奖状。一段时间后，他做题不但正确率提高了，而且速度也提升了。

(二) 利用数学活动，增进亲子关系

假期家长和孩子朝夕相处，有时难免出现亲子关系紧张的情况。因此，通过丰富多彩的活动项目，让家长和孩子在轻松的环境中共同学习，显得尤为重要。

北岸星月刘艳丽数学名师工作室在假期定期推出各类数学趣题，让学生在家尽享学习数学的乐趣。巧填数字、拼七巧板、移动火柴棍、自制汉诺塔、制作莫比乌斯环等等。张老师建议家长和孩子共同参与，一起玩在其中、乐在其中、学在其中。这样既增进了亲子之间的感情，又化解了不必要的家庭矛盾。

(三) 组织益智讲堂，争做老师分享

为调动学生学习和参与的积极性，张老师让参加数学趣题活动的孩子，在群里介绍自己的思考过程和感受，让他们体会到成功和分享的乐趣。除此之外，每周张老师还会组织学生在小组群内，讲一道自己喜欢的数学题，或者分享一个数学小故事，让每个孩子轮流当小老师，这样既巩固了所学知识，又锻炼了语言表达能力。

教育孩子从来不是孤军奋战，只有家校互助，共同携手，才能培育出绚烂多彩的紫冰花！

个人简介

李阳

一级教师，哈尔滨市实验学校班主任教师。松北区四有好老师，区优秀中队辅导员。

老师你写错了

小学教育是人生最重要的阶段，学生的很多基础知识都是在小学阶段学习并掌握的，学生的行为习惯也是在这一阶段养成的。所以，作为老师必须要精益求精，不能有半点差错。但是，如果老师真的错了呢？

在一次语文课上，李阳老师在黑板上写了"热情周到"这个词语，还没等他转过身来，一个同学就举手发言："老师，你的周字写错了！"李老师连忙转过身去观察自己写的这"周"个字，看了半天，也没有发现任何错误。就在他疑惑的时候，学生说："老师，周字里面的口的上面是一个土，不是士！""我错了？这么多年都是这么写的啊。"虽然心里带着自己不可能错的想法，李老师还是拿起字典确认了一下，果然是自己写错了。李老师顿时感觉有些难堪：作为老师，竟然没有注意到这样的细节，犯了经验主义的错误，而且还让学生当场指出了！

若是按照以往的方法，李老师会这样解释："老师是故意写错的，就是要考考大家是否细心，认真观察了没有。很棒，这个同学发现了老师的错误，值得表扬，同学们要向他学习！"这种方法被称为老师的"课堂机智"。它虽然可

以暂时摆脱尴尬的局面,找回老师的面子,可是,仔细思考一下:为人师表的我们这样做真的就能维护威信和尊严吗?老师不应该直面自己的错误吗?也许小学生还小,会认为老师是在借此机会提醒他们要认真听课,但是日子久了,等学生们长大了,再遇到类似的情况时,他们一定会意识到这是老师在给自己的错误找借口,老师是不敢面对自己的错误!久而久之,师生间的信任被打破,老师就很难再开展教育教学活动了。于是,李老师选择了与以往不同的处理方法,连忙说:"对不起,同学们,是老师写错了。很感谢这位同学指出了老师的错误,是老师不够细心,希望大家以后一定要引以为戒呀!罚老师再写五遍'周'字!"学生们哈哈笑过之后,不仅记住了"周"字的写法,更记住了做事要细致周到。

党的十八大指出,把立德树人作为教育的根本任务,培养德智体美劳全面发展的社会主义建设者和接班人。作为班主任教师,更要严于律己,以身示范,放下高高在上的姿态,俯下身来,认真倾听学生的意见与建议。也许一个真诚的认错,赢得的是学生更多的喜爱与信任。

集大智慧玉汝于成　展实验人教学风采
哈尔滨市实验学校

个人简介

任丹丹

中共党员，二级教师，课程与教学论专业硕士研究生。曾获第十七届新世纪杯"最美的逆行"征文大赛优秀指导教师的殊荣。

功夫不负有心人

——哈尔滨市实验学校小学部班主任教学工作

随着信息技术2.0的推广和使用，起初任丹丹老师有一些不知所措，但也迅速进入角色，开始学习各种软件，向年轻的教师请教一些技术问题。在假期，利用希沃白板、企业微信、一起作业等多个平台与学生们交流互动。

一、假期交流　有的放矢

有一个孩子的父母离异了，孩子和姐姐跟着母亲生活，姐姐正处于初四的关键时期，所以家里都围着姐姐转，对他的学习并不关心。任丹丹便趁着紧急通知的时机经常与孩子母亲沟通。第一次沟通，孩子母亲说："孩子的学习我亲自辅导呢，学得很好！""那您就辛苦了，带两个孩子不容易。"第二次沟通中，任老师提示："QQ群里有微课，可以适时观看。"孩子母亲说："没有QQ。"第三次、第四次……每次都会碰一鼻子灰，家长的不重视、不配合，让任老师无可奈何。终于，在一次有重要通知时，任老师又打通了孩子母亲的电话，她说自己在外地，孩子由姥姥照顾。任老师看到了机会，就与孩子姥姥进行沟通，并表示："只要孩子需要，家长同意，我愿意在孩子有时间时为孩子补习功课。"孩子姥姥同意了，并在任老师的帮助下学会了使用钉钉，孩子终于开始参加学习。虽然练习题的上交对老人来说难度有些大，但这已足够让老师兴奋。

二、假期补习　师生共进步

之后的每周六、周日早上的7:30，任老师都会以钉钉会议的方式检查这个孩子的学习效果。后来，她又与几名学生家长进行了试探性的沟通，就这样，他们班的"小灶群"成立了，一共15名同学。从复习第一课开始，挑重难点讲解，边讲边练，孩子们有遗忘的知识或者哪里掌握得不好，马上再讲一遍，保证夯实每个知识点。

通过这种方式，任老师发现孩子的态度端正了，能够跟着她一起学习了。每次她都是在讲解之后马上练习，及时指出不足，这样既能帮助孩子掌握学到的知识并落实在笔头上，也减轻了家长的负担。

任老师很爱这些孩子，也为孩子们的学习付出很多，她不希望有任何一个人落下。功夫不负有心人，也许就是这份爱与责任，促使她不断地寻找方法，最终让家长们动容，让孩子们改变。

集大智慧玉汝于成　展实验人教学风采

个人简介

李阳

一级教师。2016年毕业以来一直从事小学班主任及数学、语文的教学工作。曾荣获哈尔滨市"模范工作者"光荣称号。

锤炼研磨　反思提升

——从《认识时间》谈起

"认识时间"一课，从试讲到展示课的讲台，共经历了六次备课、上课、研课的过程，每一次李阳老师都有新的感受。本节课始终以落地数学学科核心素养为出发点，以让学生学好数学、在生活中用好数学为根本不断完善。

一、承上启下，突出重点

本节课既承接一年级上的认识整时，又要为三年级进一步认识"秒"做铺垫。两次学习时间跨度已有一年之久，为唤醒学生的旧知，首先让学生回顾认识整时的方法，并发现新旧知识之间的联系和不同，建立好知识间的联结，突出教学重点，让学生在潜移默化中学会对比的学习方法。

二、循序渐进，突破难点

从学生已有知识"时针走一大格是一小时"，来让学生猜一猜"分针走一小格是多长时间"，自然引入新概念"分"。随后让学生自己动手在学具上"拨一拨"一分钟，并总结出分针走几小格就是几分钟，走一大格是五分钟。为调动学生的积极性，设计课堂小游戏"你拨我说"，同桌之间轮流"拨一拨""说一说""考一考",学生在愉快而又紧张的氛围中熟记分针指向不同数字经过的时间。

在建立"时"与"分"的关系时,让学生分组观察时针和分针的转动,并伸出小手指比画出它们的运动轨迹,使学生全员参与、集中注意力,以直观形象、手脑并用的方式感受分针走得快、时针走得慢,时针走一大格时分针走一圈的规律,体验到数学学习的乐趣与成就感。

有了以上知识的铺垫,先让学生自己试着"读一读""写一写"几时几分这样的时间,老师在一旁适时点拨并规范数学语言,尽可能地把课堂还给学生,尤其在4时45分还是5时45分这样的易错点上,让学生们在彼此的争论释疑中冲破迷雾、解决难点,让学习更主动、更扎实。

三、联系实际,感受文化

数学不能只在书本上,更在我们的生活中。所以在新授知识结束之后引入生活中的时间,如天安门城楼前每天随日出、日落时间的不同而变化升旗、降旗时间,学生课程表上的时间等等,准确地认识它们可以帮人们更好地管理、利用时间。课中讲解数学故事《一刻的由来》,在没有钟表之前,我们的祖先就发明了计时工具"铜壶滴漏",不仅渗透"数学文化",也让学生感受到中华民族的优良传统。

四、寻根问诊,反思不足

本节课最大问题是太过平缓,没有激起学生思维的"浪花"。虽然在教学设计中体现的是让学生在自由的辩论中冲破难点,但由于老师对学生不敢放手,留给其真正的思考空间和时间少,所以并未达到预期效果。究其根本是在备课过程中,老师只停留在备教材的层面,对学生的各种回答预设不足。在今后的教学中,应把关注点从走教学流程转向学生,不急于纠正学生口中的错误答案,而是等一等,给孩子们更多的思考空间。

备课、研课、展示，这一路有过因试讲效果不好的失落，也有过重拾信心的欣喜。李阳老师是幸运的，有幸在如此温暖有爱、勤勉互助的小学数学团队中，在困顿时有人助其拨开迷雾，鼓励她勇敢前行。成长的路上，有你有我，至善同行！

个人简介

陈艺萌

在市新世纪杯"祖国在我心中"征文大赛中被评为优秀指导教师，执教的语文课多次获得"至善杯"一等奖。

善待学生　倾心育人

著名教育家陶行之先生曾对教师说过："你的教鞭下有瓦特，你的冷眼里有牛顿，你的讥笑中有爱迪生。"教育是一门爱的艺术！这种爱有一个最大的特点——无私。只有这种无私的爱，才能使教育产生无穷的智慧和力量，也能使老师们的生活变得更加充实。

有这样一个学生，这个孩子脾气倔，行为习惯不好，上课不认真听讲，经常扰乱课堂纪律，不会与人相处，唯一的相处方式就是随意拿他人的东西……每天总有学生向陈艺萌老师告状。于是，陈老师找他谈话，和他谈班级学校的各项规章制度，谈如何做一个让人喜欢的好孩子，做老师最好的朋友。他口头上答应了，可时间不长他又一如既往，真是"承认错误，坚决不改"。真令人头疼，陈老师一度想放弃，但又觉得身为班主任，不能因一点困难就退缩，必须面对现实！陈老师下定决心：不转化他，誓不罢休。

每当有同学向陈老师告状的时候，她不会当着全班同学去批评这个学生，而是私下找他谈话，告诉他同学之间应该要友好相处，不能因为一些小的事情激发了同学之间的矛盾。在同学们的眼中虽然他很调皮，但老师对他是最好的，因此每当他遇到了困难，全班同学也会向他伸出援手，乐于帮助他。当他上课举手回答问题的时候，同学们也会给他掌声去鼓励他。渐渐地，他也变成了同学们眼中的好孩子。

低年级班主任的工作，琐碎而又平凡。这群小鸟似的叽叽喳喳的孩子，有一点小事，就像一窝蜂似的，跑到老师这里告状；鸡毛蒜皮的小事说得比天还大。他们不知道如何起立，当你叫起立后，有的坐着，有的站着，有的在玩东西，有的在与同学打闹……让人哭笑不得，于是必须告诉他们听到口令，全体迅速站起，放下手中的一切东西，抬头挺胸，看着老师，用洪亮的声音向老师道一声："老师好！"坐下的时候，必须坐端正，认真听老师讲课，有事要举手，如何举手，举哪只手，如何握笔，如何写字等等，就是这样，陈老师一点一点边教知识边注意学生们习惯的培养。

出于关爱，在以后的日子里，陈老师经常找那个学生聊天，谈他感兴趣的话题，上课时随时提醒他注意听课。每天课外活动，陈老师会抽出一定的时间单独告诉他一些生活习惯的重要性。经过一段时间的努力，他有了一定的改变，上课虽然不能完全安静，但也能积极回答问题了。他的转化，让陈老师深刻体会到老师对学生的尊重、理解和爱是多么重要。一个微笑，对成绩好的学生是锦上添花，对那些需要鼓励的学生则是雪中送炭。"锦上添花"轻松且美丽，"雪中送炭"辛苦但重要。

家长是孩子的第一任老师，因此，对他进行教育的时候，陈老师经常与家长联系，相互交流在家里、学校的表现。陈老师和家长达成共识，齐抓共管。经过近一学期的努力，他在课堂上能主动回答问题了，休息的时候能认真读书，学习习惯也比以前好了很多。相信他会有的更大进步！

鲁迅先生曾说过："教育是植根于爱的。"爱学生，就必须把自己当作学生的朋友，去感受他们的喜怒哀乐。有时一个关爱的眼神，一句信任的鼓励，都能赢得问题学生的爱戴和信赖，会使他们的潜能发挥出来。在这漫长的教育之路上，一位温而不愠、严而不厉、教育有方、真正关爱体谅学生的教师对学生的成长意义才是重大的。

集大智慧玉汝于成　　展实验人教学风采
哈尔滨市实验学校

个人简介

相阳

国家三级心理咨询师。在"国家级中小学名师线上教学示范课公益讲座"美篇作品评选中获小学语文学科一等奖。

叩响心的房门　用爱守护心灵

一、案例介绍及分析

通过观察与对学生的了解，相阳老师发现班级里有这样几个孩子，他们胆小、害羞，不敢表达自我，从不主动争取机会，总是在旁边观望，尽管从他们的眼睛里看到了渴望……面对这样的"特殊情况"，相阳老师意识到如果忽视这些孩子的"隐藏需求"，不对这些孩子进行正确引导的话，对孩子的成长是非常不利的。于是相阳老师便开启了叩响他们心的房门之旅。

二、问题解决策略

（一）创设温馨、民主、自由的班级环境

胆小的孩子不敢说，内向的孩子不爱说。要让胆小的孩子敢说，让内向的孩子乐于说，就要创设温馨、民主、自由的说的环境，让孩子们放心地说，大胆地说，不惧怕说错。从一年级开始，相阳老师便鼓励学生们在各种班级活动中进行民主选举。元旦联欢会主持人、演讲比赛选手……孩子们在这样的环境中，懂得了为自己争取机会，提出自我需求……这种做自己的主人、自己把握机会的意识已经深深扎根在他们心中。此外相老师也会利用班会等，引导班

里的孩子去呵护鼓励这些不敢表达自我的伙伴，让不愿敞开心门的孩子感受到像家一样的温馨。在这样温馨、民主、自由的环境中，不同样貌的小脸上露出了同样的笑容。

(二) 借助学校的优质活动，为学生提供表现自我的平台

通过长时间的观察，相老师发现这一类胆小、内向的孩子几乎都有一项或者几项爱好，并且坚持的时间很长。有的孩子喜爱阅读，有的孩子热爱跳舞，有的孩子画画很棒……基于对学生的了解，相老师便有意地在学校各项大型活动中推荐这些孩子。除此之外，她还鼓励这些胆小、内向的孩子加入到学校丰富多彩的社团活动中。基于他们的个人爱好，帮助他们选择适合他们的社团课程。通过社团老师的反馈，相老师发现这些孩子都有了或多或少的正向变化。

(三) 家校携手，双倍呵护

通过与胆小、内向学生的家长沟通，我发现这些家长往往也不是很了解孩子的内心想法。有时他们的心中充满了对孩子行为的疑惑，他们会焦急地向我倾诉。我会先去安抚这些家长的不安情绪，帮助其解决困惑。不愿表达的孩子们就像那些还未绽放的小花，需要耐心，需要尊重，需要方法。孩子们不想说，那就换成写。我鼓励家长们去和孩子共写日记。亲子日记不在于内容的多少，哪怕寥寥数字，也是一次心的沟通。慢慢地，家长们更多了一份耐心，孩子们也更加愿意向父母表达。

三、成效及反思

在最近的一次演讲比赛竞选中，惊喜地发现有几个平日里很胆小、内向的孩子纷纷举起了小手，勇敢地走到了同学们的面前，大声地读起手中的演讲稿。当那名一年级刚入学时发言声音小到只有她自己能听到的同学，大声读完手中的演讲稿时，班级里响起了热烈的掌声，久久不停，相老师的眼里也盈

满了泪水。

在帮助这些孩子之初,相老师也曾忽略过这些躲在角落里的花朵。她的注意力常常被那些调皮捣蛋的孩子吸引过去,却没有发现这些默默无闻的孩子更需要关心与帮助。在后来的工作中,相老师更认真地去观察,更加细心地去发现,努力让每一个学生都能感受爱、学会爱、给予爱。

个人简介

毛然

二级教师，哈尔滨市实验学校科学教师，松北区"创优杯"赛课一等奖。

做好科学教育　助力健康成长

我们知道病毒是不能够独自生存的，是需要某种动物作为宿主才能长时间地生存，那病毒又是如何传染给人类的呢？要想弄清楚传染途径，我们需要借助科技手段和有效的科学方法。

首先，我们要追本溯源找到病毒传染的源头。蝙蝠是许多病毒的主要宿主，病毒的传播路径也不是单一的，从蝙蝠到人可能还存在更多的中间宿主。其中，人类滥吃野生动物也可能导致病毒传播到人类的身体上。

其次，我们再来看看病毒的特点，包括伪装性强和变异性快，导致人体的免疫系统很容易遭到破坏。当然，它也有弱点，就是对于消毒剂的抵抗力弱，在干燥、通风的情况下，存活率较低，所以我们在日常生活中要多通风、多消毒，与此同时，专家针对病毒的特点利用科技手段研发疫苗，以保证疫苗的有效性。

再次对于数据的对外公开也是科学管理的一种方式。它是借助于各种图表来展现的。例如，通过地图上色块深浅可以感受到当前各省市的确诊人数的密集程度，这种方式更加直观、可靠；折线图可以显示随时间而变化的连续数据,清晰地显示人数的波动情况;对比海外各个国家的情况,可以用柱状图展现国家的差异,并且对于同一数据还可以采用饼状图,清晰看到各国所占百分比。因此,我们要根据所传达的信息来合理选择图表,这样才能保证传达的内容准确、清晰。

最后,是毛老师对课堂教学的一些反思。作为教师,要了解学生的年龄特征。现阶段学生的形象思维更强,便于培养学生借助图表等方式来科学记录实验现象的能力,进而提升学生的视觉思维。利用这一点能够培养学生科学、严谨的态度。此外,现在国家提倡健康教育,强调拥有健康的体魄才能健康学习和生活的教学理念。因此,在课堂上,在教学环节中渗透健康教育,并以科学的方式向学生普及健康知识,用健康文化引领学生,让学生正确理解健康,亲身感受健康,共同享受健康,培养学生养成良好的行为习惯,为其健康成长保驾护航。

个人简介

韩佳旭

中共党员，高级教师，中学语文教师，现担任哈尔滨市实验学校八学年年级主任。曾荣获哈尔滨市优秀班主任、市师德先进个人等荣誉。

常规教学　有"备"而来

常规教学中，八学年全体教师在各备课组长的带领下，除正常途径集备外，还利用微信、钉钉、腾讯会议等多种平台无障碍地进行线上集备。他们不仅能够每周两次准时集备，更是做到了时时集备，事事集备，这为学年教学工作有序、有效地开展打下了坚实的基础。

一、计划翔实，确保实效

开学初即对学科集体备课进行整体规划，制定集备推进表。确定学期目标和每周备课主题，使每次集备活动之间相互衔接和补充，既体现独立性、系列化，还要具有层次性。集备前制订具体活动简案，明确备课时间、研究主题、基本形式、主备人员等，让学科教师们心中有数，让主备人员充分准备。主备教师负责将每课、每章节、每单元的导学提示、朗读录音、课件、课时小卷提前一天下发到组内微信群。待到集备时，主备人员做中心发言，紧扣备课主题，其他教师积极建言献策。组内教师进行思想碰撞，对主备人员的方案进行完善，最终定稿，实现共享。真正做到了预习内容提前发，作业内容当天发，让学生获取高质量学习的相关辅助材料。

二、坚持集备，及时反思

(一) 坚持每周两次固定时间集备

每周五确定下一周的答疑内容。主备人员提前准备，答疑内容要做到对空中课堂授课重点进行强化，对疑点问题进行补充讲解。集备时，教师们将针对主备人员的相关内容提出补充完善的意见和建议，最终定稿，实现共享。

(二) 对备课成果进行必要的跟踪和反馈

一是对形成的一致意见或决定整理后进行公布或传达，二是对教学中的落实情况、实际应用效果以及出现的新问题进行及时反馈通报，以备在下次集体备课中进行后续研究。尤其是教师在二次备课时发现的问题和疑点，各组教师会利用各种平台随时随地研讨，将集备内容深化提升。

(三) 坚持课后及时、有效反思

教学中不断反思，是让每位教师成长最快、最有效的方法。"这堂课……地方我处理得不好""这里我讲得不够透彻"，看到组内的年轻教师、骨干教师在微信群里一条条的留言，真是替他们高兴。其实本就没有完美的课，能发现自己的缺憾，也是一种美。

三、不断丰富内容形式，突出多样性

只有内容更丰富，形式更多样，才能保证集备活动持续、有效开展。

(一) 教学设计类

针对一学期、一单元或一章节或一课时的教学内容，对教学进度、教学目标、重点难点、教学环节、习题作业、拓展提升等进行研究设计，一般是由主备人员提供思路，大家集思广益，进行讨论完善，最后形成统一方案。

(二) 课例研讨类

针对某一具体课例开展集体备课活动，可以是本地教师的教学实例，也可以是其他教师或网络教学资源。可以包括课前研讨、听课观课、教师说课、评

课议课等环节,并且根据课例的实际情况进行必要的经验总结和理论提升。

(三) 专题探究类

如针对阶段性复习的集体备课、考试后的成绩分析、不同类别学生的培养、线上线下教学衔接问题等安排专门的集体备课活动。

(四) 能力提升类

针对教师专业发展或课堂教学中的某方面知识或能力提升开展的研讨活动,如读书交流、试题演练、导学案设计等活动。

个人简介

郭永广

中共党员，中学一级数学教师。任七年二班班主任。哈尔滨市市骨干教师，哈尔滨市四有好老师，区级优秀班主任

学会倾听　适当沉默

很多教师习惯在课堂上去展现自身的智慧，抓住一切机会去讲解关键知识，但是常言道："过犹不及。"教师过多的讲解会让学生失去思考与表达的机会，慢慢衍生出惰性思维，而这一做法在数学教学中的弊端尤为明显。因为当初中生开始选择通过死记硬背的方式学数学时，他们就失去了学会学数学的机会。因此，要想成为一名真正会教书的人民教师，成为学生实现探究学习的忠诚支持者，教师们就要学会倾听与沉默，以适当的留白去保护学生的思考权利、表达权利，真正让学生成为学习的主人。

在课堂上，有很多学生都习惯去接受现成的数学知识，问到学生是否会在课前预习数学知识时，学生回答道："基本不会，因为每天的时间都很满，而且数学那么难，预习也不管用。"同时，学生也有些排斥通过自主学习与探究去学数学，因为他们担心自己根本无法理解数学概念，感到自卑与恐慌。这就让学生变得越来越被动，徘徊在无意义的学习活动中，无法经历学习的成功，也难以喜欢上学数学。

因此，当郭老师选择解放学生，由学生主动探究、讲解数学知识时，有很

多学生并不适应,尤其是数学后进生,说道:"我们平常认真听课都听不会,怎么可能自己去学好?"听着学生对他的质疑,不自信的举动,郭老师告诉学生:"老师会想办法找到适合你们的学习方式,你们也要真实地反应自己的感受,这样我们才能做到真正地解放教育,你们才会有更多的机会提升自己。"因为郭老师坚持要在课堂上设计以学生为中心的数学探究活动,还为此组建了异质小组。学生们看到了郭老师的决心,开始紧张,但是更多的是期待。为了真正让学生们体会到主动学数学、成功学数学的乐趣与幸福,郭老师会根据单元知识的特点去设计很多趣味活动,比如在"轴对称"相关单元知识教学中设计画图、折纸等"做中学"活动,各个学习小组去寻找生活实物中的轴对称图形,判断图形的对称轴位置、数量,根据丰富的感性材料去进行抽象推理;在"勾股定理"教学中,每个学习小组都能设计探究计划,自行讨论直角三角形三条边之间的等量关系,郭老师还为此整理了与勾股定理相关的数学文化史方面的内容,方便学生进行阅读思考,顺利完成探究任务。

  因为一次次的探究尝试,学生们在数学课上的参与度明显变高,有很多学生为了在课上更好地探究,还主动会在课前预习数学知识,这比预想中的教育效果还要好,因为学生们开始珍惜学数学的机会,改变了惰性接受的坏习惯。但是,并不是所有的学生都能适应探究式学习活动,有一些学生总是会紧张,他们说道:"如果一直是通过探究活动学数学,老师只根据大家的疑问讲数学,那么我根本听不全,这样会不会让我更学不好数学。"也有学生质疑道:"探究会不会减缓教学进度?如果我已经掌握了数学概念,但是却还需要通过探究去帮助组内的其他成员去学数学,那么我是不是很难提升?"学生对探究式学习模式的质疑与否定是因为习惯了高强度、快节奏的学习状态,而且担心教师讲解得不全面、不细致,会影响自身的认知状态,殊不知,有效的探究活动会让学生自主生成数学知识,并不需要过多的教师讲解,而学生也很有可能会融会贯通，在数学课上迁移数学知识。因此，为了让学生真正树立学习自信，使其不再怀疑自己的学习能力，郭老师还采取了以下做法：

一、精讲精练 迁移内化

在课堂上组织精讲精练活动，组织学生及时迁移数学知识，帮助学生在数学课上应用所学知识，使得学生能在迁移应用中内化所学知识，树立学习自信。精讲精练活动的特点是习题数量并不多，但是比较经典，能够反映一类习题的解题思路，所以能帮助学生通过一道题去掌握一类题的解题方法，改变学生听了就会、一做就错的不良现象。因为精讲精炼活动能让不少学生在短时间内提高解题能力，所以很多学生都不再怀疑探究式学习方式的作用，端正了学习态度，自觉改善了学习行为。

二、适时鼓励 重视辅导

虽然在探究式学习活动中教师要保持沉默，但是当学生发出求助信号时，教师的指导与点拨也十分重要，这也是提高初中生思维能力的重要方法。因此，在开展探究式学习活动时，郭老师很注重与学生的情感沟通，当他发现学生能正确解释数学概念的实际含义、能自主推导数学公式与定理时，都会表扬并肯定学生，反复告诉学生"你真行""你真棒"，去帮助学生重塑自信，让学生有勇气继续参加数学探究活动。当郭老师发现学生陷入认知瓶颈时，也会提醒学生改变探究策略，引入数学思想方法，使得初中生能顺利地调整探究思路，主动建构数学知识。

三、双重评价 及时反馈

将质性评价与量性评价结合起来，以实时的评价反馈去帮助学生调整学习方法，优化师生互动方式。郭老师会根据课标指导去编写课堂教学评价表，紧密结合单元知识的学习内容，组织学生自行评分，反思自己的学习行为、效益,在评价时适当沉默,让学生充分地回顾数学探究过程,然后根据学生的学习决策提出意见,帮助学生改善探究学习计划,进一步提高学生的课堂参与度。

经过调整与优化,我班学生在数学课上的能动性越来越强,他们不再怀疑自己的学习能力,也愿意在探究式学习活动中去建构数学知识,而当学生说得越来越多、越来越有效时,教师也能真正落实解放教育,顺利地将学习的权利还给学生,这无疑对师生双方的共同发展有积极影响。因此,在未来的数学课上,郭老师会继续以适当的留白艺术与沉默技巧去突出学生,也会通过丰富的师生交流去帮助学生建构数学知识,让每一个学生都能积累有效的数学活动经验,变得爱学习、爱数学。

个人简介

胡格林

中学一级教师、哈尔滨市实验学校物理教研室主任、松北区物理学科骨干教师、松北区双十佳教师。曾获第十四届全国中学物理青年教师教学大赛一等奖，哈尔滨市第七届"烛光杯"教学大赛特等奖。

"巧"用思维导图 "悟"复习之理

物理复习课其实是一种必不可少的课堂教学模式，在完成了阶段的学习后，它能起到梳理教材文本、检查知识疏漏的作用，可以使原来分散的知识点穿成知识线，再使知识线形成知识网。除此以外，它还具有构建知识网络和提高综合能力的功能。然而在复习阶段，对大多数学生而言，复习内容多且杂，他们往往不能理清各知识点之间的内在联系，无法形成系统的知识结构，更谈不上把握和构建复习框架结构了。因此怎样最大限度地开发、培养学生的思维力，提升他们的自主学习能力，这是摆在所有教师面前的一大问题。

物理学科是中考主要考查学科。物理学科知识的建构，是在实验的前提下，用思维导图来帮助学生对物理现象、规律，以及各种现象产生的原因和依据建立起内在联系，促进学生准确理解并应用的过程。对于毕业班的学生来说，最后阶段的系统复习至关重要。然而，一些学生的复习形式仅仅局限在听课和做题，事实上物理是一种发散性思维较强的学科，一旦出现太多的概念和公式，学生对各个知识点就很难消化理解，而借助思维导图，教师可以让学生通过树形图的方式对重要的概念进行归纳总结，这样学生很容易将概念记忆下来。

思维导图是人们所倡导的一种记笔记的方法，它可以很好地提升思考技巧，并且可以增进人们的记忆力、组织能力，展现学生的创造力，对于学生来说，其恰好可以帮助学生作为辅助的认知工具。在初中的物理复习中，由于学生需要罗列大量的知识点和概念，思维导图的应用就可以帮助学生将一些关联性很强的理论通过图形的方式形象地表现出来，使学生把相应的理论概念联系起来记忆。所以说，思维导图在物理复习中可以帮助学生快速记忆。通过思维导图教学，教师们发现学生在实验前后，学习成绩、学习兴趣、创新能力都发生了变化。与此同时，通过引导学生将思维导图运用到其他学科领域及日常生活中，可以实现提高学生综合素质的总目标。

单元专题复习课并不是教授新课，更不是一节练习课，复习课需要梳理知识脉络，列清楚复习提纲，紧密联系中考，把握中考动向，将高频考点和知识重点有机结合，将复习和精讲精练结合，形成具有整合性和逻辑思维性的知识网络，进行系统专题章节复习。

物理学科的教学是为了培养学生的物理思维能力。物理思维指的是具有意识的人脑对客观的物理对象、物理过程的本质属性以及其内部规律之间的联系的概括和能动发展的基本反映。物理学主要研究的是自然界事物运动的基本规律，物质基本结构和相互作用的学科，因此在研究学习的过程中具体的对象具有客观性，是不以人的意志为转移的，初中学生要想认识到自然界物质的基本运用规律，就必须在头脑中形成对物理世界最本质和完整的反映，也就是说学生要对其所观察到的一些物理现象、事实、过程等在自己的大脑中形成清晰的图像，然后再去进行分析、对照，并且把对事物的感性认识上升到理性认识，这就是物理思维的基本过程。

思维导图教学的方式思维角度新颖细致，与教学现实联系紧密。胡老师应用了大量思维导图的方式去展示知识脉络，显得条理框架清晰。通过她展示的学生们制作的学习思维导图，可以看出这一应用在学习中有利于学生们构建基本知识脉络，梳理单元知识。

"欲穷千里目，更上一层楼"。一堂课从最初设计到最终成形，经历了反复研课和磨课，经历了不断推翻和创新，每一个细节都认真推敲和修改。以"电阻"一课为例，本节课中，胡老师利用思维导图分别介绍绝缘体、超导体等，知识陈列清晰明朗。最后，她以思维导图的方式对本节课做了简单小结，带领学生们搭建知识框架，梳理知识脉络。通过思维导图概括本节课知识内容，理清知识重点，也方便学生课后的复习归纳。板书中利用思维导图影射所有知识脉络，具有很独特观赏性和应用性。

思维导图是学习和工作的工具，就物理学科而言，既适合整合知识又适合发散思维。它可以让学生在复习中占据主动，还可以让学生对生活中的很多现象有更深入的了解。优秀的思维导图可以激发学生的学习兴趣，促进知识的系统化，改善学生的思维习惯，优化课堂复习的有效性，创设适当教学情境，深度启发学生思考，让学生做物理课堂的主人。

每一次经历都是收获。反思与不断进步的过程，是提高专业能力、拓宽思维视野、提升思想观念的过程。胡老师始终坚持做有思想的教师，希望与大家共同走在减负增效的路上，让学生的学习状态更加轻松，让作业的效果更加凸显。思维导图的运用让学生的思维更加灵动，让教学的风格更加多元化。

个人简介

申薇薇

高级教师，市生物学科卓越团队成员，市"十四五"规划重点课题主持人。任教十四年来，多次荣获省、市、区教学奖励。

用智慧浸润初中生物复习课堂

孟夏夜，微雨过，小荷翻，好运来！作为中考的前哨站，生物学业水平测试不仅关乎中考成绩，而且关乎于八、九年级的复习节奏。作为初中生物教师，如何适应课程改革的新要求，有效组织学生复习备考呢？申薇薇老师结合自己的教学实践，分享了一些体会和方法

一、了解学生 百战不殆

"知其心，然后能救其失"，了解学生是教育学生的前提。教育是一门艺术，懂得抓住教育学生的每一个契机，教育效果就会事半功倍。因此教师在复习课备课中，应该首先了解不同层面的学生的思想状况，根据不同学生的性格特点，有针对性地解决问题。比如，有些学生其他学科成绩好，但对生物学科缺少重视，教师就要引导他理解学习的意义。有些学生各科成绩都不好，因缺少信心而产生消极的心态，教师就要给予更多的关爱。总之，知己知彼才能百战不殆。教育要及时，在学生失落时给予鼓励，在学生骄傲时给予提醒，在学生迷失时给予指点。教师应该充分了解学生，才能有效帮助学生轻松应战初中阶段的第一次学业水平测试。

另外，复习教学相较平时的教学活动具有明显的差异，学生对于已经学习的知识缺少好奇心，认为这属于老生常谈，倘若教师采取的复习方式不合理，会导致学生产生抵触心理。所以，教师在上课的时候可以利用一些小技巧来调动学生学习的主观能动性。(1)通过口诀、顺口溜的方式帮助学生迅速掌握相关知识点。比如心脏与血液循环口诀：偏心眼，偏左边。房在上，室在下。动连室，静连房，主动连左室，肺动连右室，肺静连左房，腔静连右房。左动右静，体一致，肺相反。(2)利用比较记忆法。比如在复习藻类、苔藓和蕨类植物知识点的时候，引导学生对比它们的异同之处，进而更深层次地把握相关知识。(3)利用手势教学。比如用手掌比作关节窝、拳头比作关节头，可以形象地描述关节脱臼与复位。(4)利用体验式教学。比如在观察花的结构时，可以指导学生亲自解剖花，通过切身体验，学生更能直观掌握知识点。(5)利用信息技术辅助教学。比如用动画、3D影像、互动游戏、虚拟实验室等加深学生对重要知识点的理解记忆。

二、依据教材 明晰考点

教材是师生开展教学活动的重要依据和主要载体，因此，教材必然成为考试命题的重要依据。所以复习备考必须立足教材，用好教材。在教材的使用上，要注意分析历年考试情况，重新梳理知识，确定复习目标，并将知识条理化、系统化，形成知识网络。

以"主题二生物体的结构层次"备课为例，首先分析这一主题的中考情况。从内容比例看，它在生物学业水平测试中所占比例8%；从题型看，除2014年的综合分析，2016、2017年的连线外，其他年份都以选择题为主，填空题为辅。该考点难度要求并不高。其次分析该主题知识在课程标准中的内涵。"生物体结构层次"的前言部分对本单元内容做了高度的概括："生物体有一定的结构层次。细胞是生物体结构和功能的基本单位。细胞的分裂、分化和

生长是细胞重要的生命部分。细胞通过分裂和分化可以形成生物体的各种组织，由功能不同的组织可以形成器官，共同完成某种生理功能的器官可以形成系统。多细胞生物依靠细胞、组织、器官(系统)之间的协调活动，表现出生命现象。"

依据以上内容，结合学科核心素养落地的要求，申老师提炼出本节课要达成的第一个核心素养目标：形成结构与功能相适应的生物学学科核心素养；更深入地认识到生物体有严整有序的结构，是一个统一的整体。

如果要给学生系统的知识体系，只考虑考点是不够的，特别是复习课，更要发挥它的功能，把前后知识联系起来，引导学生形成较完整的知识体系。所以，申老师设立了第二个核心素养目标：帮助学生形成运用归纳与概括的思维方法认识事物、解决实际问题的思维习惯和能力。因此在进行教学设计时，申老师设置了横向以生物体的结构层次为主线，纵向以各层次的形态、结构与其功能相适应为主线的课程方案，使学生对"生物体是一个统一的整体"有更深入的认识。

三、选好方法 事半功倍

2017年，申老师参加了一次全国初中综合改革研讨会，聆听了全国各地区中学校长有关核心素养的报告和四节生物课，四节生物课运用的方法分别是：沈阳126中学的思维导图，乌兰浩特八中的4×4教学法(导学案)，乌兰浩特十二中的翻转课堂(微课)，乌兰浩特十二中的三导模型(三导：导学、导思、导评)。令申老师感触深刻的是这四节生物课每节课都有它的固定模式，但细细品味，发现其实很多都是正常教学模式中的一种，只不过把模式固定、细化，便自成一体了，这让申老师体会到教师的总结归纳能力也很重要。

所以申老师借鉴以上学习方法，把自己复习课的教法进行了总结，命名为"见词猜意法""见主题内容，辨课堂中心法"和"联想法"。

1. 见词猜意法

见词猜意法指的是联系生物学内容，以适合自己认知水平和知识基础的方式，根据理解猜测词语的字面意思，强化记忆。初中生物学内容中有很多词的理解都可以用这种方法，比如显微镜结构中"粗准焦螺旋"这个结构，分析字面意思，"粗"可理解为"粗略"，"焦"可组词"焦距"，"准焦"就可以理解为调准焦距，"螺旋"是一个按钮，那么"粗准焦螺旋"的功能就是"能使显微镜中镜筒较大范围移动完成调节焦距的作用"。

2. 见主题内容，辨课堂中心法

见主题内容，辨课堂中心法是在复习中，记住每一个主题内容的标题，在标题中找关键词，从而确定复习核心内容，建立有效记忆刺激。比如复习生物与环境这部分，首先能从标题中找到关键词"生物"和"环境"，所以本节课至少复习这两个大部分内容。一个是自然界中生物部分，它包括植物、动物、细菌和真菌，继而想到它们在生物圈中所扮演的角色。另一个是环境部分，抛却生物不谈，就是非生物部分了，它包括阳光、空气、温度、水等因素。再联系标题"生物与环境"中间的"与"字，提示了师生本节课还应该复习两者之间的关系，那么，在一定的地域内，生物与环境所组成的统一整体就是生态系统了。所以本节课的第三个内容就是复习生态系统的知识，包括生态系统的组成、类型等。

3. 联想法

联想法主要运用在对知识进行系统整理归纳，以便形成自己的知识框架，使知识系统化，真正成为自己知识链条的一个有机组成部分。联想法要求学生，遇到任何生物学专有名词都要思考三个问题：什么是？什么用？还有哪些相关知识？比如，遇到"生物圈"这一词，就要想什么是生物圈？生物圈是最大的生态系统，它包括大气圈的底部、水圈的大部和岩石圈的表面。生

物圈有什么用？生物圈是所有生物共同的家园。还有哪些与生物圈相关的知识？生物圈中有多种多样的生态系统，后续又可以以"生态系统"这个词为中心继续拓展。通过这种方式引导学生见到知识点，头脑中立即呈现知识链，知道一类题的解题方法，由知识点，构成知识面。同时组织学生交流学法，采取生生互教的方式，也会起到很好的作用。

除了以上落实知识体系的方法外，每年到复习期间都会面对时间紧、任务重的情况，而教师们更多的是要面对学校后百分之二十的学生，这部分学生往往会产生厌学情绪，需要教师们给予他们更多的关爱和鼓励，尽量激发他们的学习热情，在感情上多关心，辅导上多倾斜，反复辅导并做好学生考前的心理辅导，引导学生正确认识自我，找到自我，才能以充足的知识储备、饱满的精神状态走入考场，考出理想成绩。

结业考试是生物老师年年关注的话题，每一位老师、每一所学校都有很多自己独特有效的方法，但是申老师认为之所以能出好成绩，有着一个相似的通关秘籍，那就是作为教师的责任感，经过汗水和付出获得专业成长的成就感，以及徜徉在孩子们之间感受纯真和热血的幸福感。未来的每一天，申老师愿和生物学科的同仁们携手走在专业成长的路上，幸福前行，做一位幸福的教师。未来已来，将至已至，心向阳光，向上生长！

集大智慧玉汝于成　展实验人教学风采
哈尔滨市实验学校

个人简介

舒畅

一级教师，任七年级英语组备课组长。北岸英语名师工作室成员。2019年在第十三届全国初中英语课堂教学优秀课展评现场说课中荣获一等奖。多次获得省、市、区级赛课奖励。

不畏风雨地尝试　从容不迫地超越

身为一名初中的英语教师，舒老师经常对学生说的话便是：Just do it！任何学生在学习英语的同时都应该懂得一个简单的道理：自己绝非完美的，也绝非足够出色的，然而即便自己没有足够的出色，也不妨碍能沿着正确的道路去进发。

舒老师一直以来的目标就是要给学生足够的时间和机会，让学生能在成长的每一天都感悟到学习的乐趣和力量，也能让学生的学习步入更为优质、更为积极的状态。作为英语教师，舒老师让课程本身变得富有弹性、包容力、知识和智慧。她在课堂上总是用一种激励、鞭策、鼓励、带动相协调的模式去激发学生，让学生的思维从应试英语变为积极主动去探究英语、学好英语，而这些对于学生的成长和进步都是意义重大的。

教师要成为一个能穿越风雨的教育者，尤其能让那些在风雨中艰难跋涉的学生看到成绩进步、不断超越的希望。在带领九年级的学生备战中考的那段日子，舒老师会认真地看学生的笔记，记录着班级的平均分，对于那些成绩比较好的学生，舒老师会认真督导和提醒他们保持足够的冷静和坚定，不要因

此而放弃学习本身的严谨和持续性；对于那些成绩平庸、自卑自弃的学生，舒老师会用语重心长的方式和认真地督导去鼓励他们重新找回自信心和活力。

班级里有一个叫大为的同学，舒老师总是为他的成绩感到着急。事实上学生自己也同样是非常着急的状态。舒老师懂得这孩子的心里一直在憋着一股气，他很希望能充分地证明自己，能得到足够好的成绩。中考迫在眉睫，然而他的成绩仍然是不上不下。舒老师在翻看他的笔记和平日作业时发现，大为同学在作业中出现了很多基础性的语法错误和单词拼写错误，究其原因还是其平日里基础知识不够扎实和严谨。有道是"基础不牢，地动山摇"。如果孩子不懂得去夯实自己的根基，自然是很难得到足够好的成绩的。

舒老师在发现了大为的问题和不足后，有意识地加以跟进，给他打造出适合他的学习方案，把每一天的导学案、训练计划和学习任务以电子和纸面两种形式传输给学生。舒老师希望学生能在一种相对不利的状态下迎难而上，每一天都积极去学习。舒老师发现他在日常的学习中不愿意去张嘴说英语，这种状态对于英语学习是非常不利的。舒老师希望他能克服自身的被动感、懈怠感和浮躁感，把每一天的学习都变为带着喜乐去完成超越。舒老师在课堂上喜欢去提问他，让他把阅读理解的过程、思考的模式、解答困惑的步骤、如何去提高自身的英语学习的成效等问题都试着去回答一下，在回答这些问题的同时能取得很大的进步。

舒老师对大为同学每一天的课堂表现都进行相应的打分，同时将这些分数做成统计图给他看，让他更加清楚地认识到自己在日常的表现和发挥，这对学生对自己的认识有着巨大的作用和带动意义。教师要带着足够的智慧和勇气去鼓励学生进行更大的提高和突破，舒老师的信念便是让学生能在正确的人生道路上去铸就足够大的幸福和喜悦，而这也是舒老师最大的工作动力之一。

后来，在模拟考试中，舒老师也发现大为同学的成绩逐步提高，他也从原来中游水平的学生逐步成长为一个处于上游的、积极的学生，在学习知识的同时收获了满足感和成就感。

舒老师发现了大为同学的成长，也发现了大为同学能认识到如何去学习英语，以及如何去完成对其自身的优化和升华。大为同学最终在中考中取得了理想的成绩。

舒老师发现了大为同学能在成长中勇于前进，也发现了他能在进步中去感悟奋斗的美好，舒老师也愈发懂得，生命中所有的璀璨和繁盛都是需要通过智慧和活力去造就的，也需要在长时间的坚持中去逐步孕育。

舒老师把大为同学的案例视为教育生涯中最为重要的精神财富之一。她一直坚信的道理是：人间正道是沧桑。要想真正带领学生去取得更好的成绩，身为老师，就要把足够多的爱和信念融入日常的教学中，让更多的孩子在热爱学习中去成长，在克服难题中去进步，在积累经验中去突破。

初中英语教师不仅仅是在传输知识，更重要的是要用爱去驱动学生成长和进步，让他们更加懂得，语言类课程就是要积极积累、认真学习和总结，在反思中孕育质变，在提高中完成协调性的突破和成长，而这些都是学生成长必不可少的部分。

舒老师教学的同时，也对学生反反复复说，学习这件事要有三心——恒心、细心、决心。只有把足够多的坚持融入实践中去，才有可能成为一个更出色的学习者。

舒老师深爱着教育教学岗位，也在奋发突破中去成就更好的自己，让学生能用心去学习，以拼搏者的身份去书写无愧于时代和历史的华章，也让自己的人生勋章变得闪烁夺目！

个人简介

苏杭

中共党员，中学语文教师。曾任"大学十一讲"校本课程负责人。曾获"国培计划（2019）——黑龙江省中小学青年教师助力培训项目（初中语文）最佳展示奖""明德国学集群双师课堂优秀指导教师"等荣誉。

新教师如何打造高效语文课堂

新教师在教学上缺乏经验，往往容易认认真真犯错，苏老师总结教学经验及培训所得，分享几点新教师打造高效语文课堂的方法。

一、整合教材构建体系 举一反三融合高效

在苏老师刚刚迈上讲台的时候，总会有这样的问题：明明安排两课时完成的课文，却总也讲不完，总是觉得需要讲的内容很多，文章中的每一个句子都值得细细品读，少讲解了哪处都觉得可惜。但是在同组老教师的帮助下，她渐渐认识到，这是在"认认真真地犯错误"。看似事无巨细却导致了课堂的低效，缺少了整体性的思考。一篇文章中可值得学习的东西很多，比如精巧的结构安排、写法运用、浓浓的情感等，但并非一篇文章的细致分析就能让学生学好语文，反而会破坏文章的整体性、人文性，最终导致学生丧失学习语文的兴趣。

作为教师应该把握教材中文本的内在联系，在充分研读文本和教参的基础上，可以选取典型课文进行对比教学，让学生把握内在联系，将零散的知识碎片串联为整体的逻辑思维。这样才能化零为整，化难为易。

二、依托信息技术 2.0 课堂善用多媒体

新教师，就应该发挥能够快速学习，接受新事物的能力。在岗培训中，苏老师发现无论是经验丰富的老教师还是充满活力的青年教师，都能够精美设计课件并熟练操作希沃白板、PPT 等现代教学技术手段。在新区信息技术 2.0 大力推进的今天，教师们更应该重现代教育技术手段的应用，进而提高学习效率。

（一）现代教学软件运用

希沃白板软件是本学期教师们经常使用的宝藏软件，在听课中多位教师也使用了希沃白板，在课堂中可以插入课堂活动，让学生积极思考。拖拽搭配的方式让课堂气氛热烈；课堂竞赛小游戏，让学生在比拼中收获知识，提高学习语文的兴趣；课堂计时的功能让课堂讨论更加热烈，也更具有紧迫感；构建思维导图，让学生能够将课堂知识形成串联记忆；在作文课中，更是可以将学生现场完成的佳作用手机拍照，呈现在屏幕上，师生共赏，共同点评修改。同时在希沃白板中插入视频，不再需要在将视频放在同一文件夹中再播放，更便捷。在软件中可以搜集优秀课件，在此基础上，结合学情参考借鉴。

结合学习和苏老师曾经陷入的误区，分享四点制作课件时要关注的问题：

1. 忌图片堆砌，应为学生想象留白

以八年级上册《苏州园林》《中国石拱桥》两篇课文为例，在授课中，苏老师与同组的老师展开讨论，将这些美丽的景色和历史悠久的石拱桥照片直接呈现在课堂之上，是否会让学生缺少了感受文字呈现画面的这一能力呢？最终教师们修改课件，只保留了个别最具特色的图片，为学生留下品味和想象的空间。所以教师们也应注意，切忌让这些辅助手段喧宾夺主，成为束缚学生的枷锁。

2. 忌字号过小，应为学生视力着想

教师经常在制作课件中不觉得呈现文字过多或过小，而呈现在屏幕时会

发现在教室后方难以看清,给学生漆黑一片,难见光明之感。苏老师喜欢将课件比例设置为16:9,文字设置1.5倍行距。尽量不在一页中集中呈现大篇幅文字,减轻学生视觉上的负担。教师们也可以参考哈尔滨教育云平台中的优质课的设计,完善课件。

3.忌颜色一致,应为学生突出重点

课件中,应用特殊颜色标注出重点词,如阅读题中的写法、人物形象、思想情感,与主题色形成反差,让学生明晰重难点,也是帮助学生筛选重要信息的过程,让学生高效记笔记,掌握重难点。

4.忌拿来主义,应为学生量身定做

信息化时代,教师可以轻易搜索到各种各样的课件,所以应该集思广益,结合学情取其长,为学生量身定做课件,切忌拿来主义。每次精心修改后的课件保留下来,这都是为接下来的教学工作做好储备。

(二) 善用视频音频激发兴趣

在课堂上,视频也能起到激发兴趣和提供灵感的作用。苏老师曾在写好动作描写的习作中为学生播放了一段卓别林默剧的视频,在欢声笑语中引出动作描写的重要性。相较于长篇累牍的文字,生动有趣的视频更能吸引学生的目光,提高学习效率。

在读到动人的句子时,在学生现场练笔时,都可以适当播放轻音乐,在调整为适当音量的前提下,可以促进思考、激发灵感。苏老师在《背影》一课的最后一个环节,让学生回忆父亲打动自己的瞬间,进行练笔时就播放了这样一段音乐,发现许多孩子边写边流泪,直到分享时泣不成声。

简单的一段视频或音乐,就能将学生带入趣味语文、诗意语文的世界,运用得当往往事半功倍,胜过千言万语。

三、保护学生自尊心 丰富课堂评价语

课堂教学评价是教学过程中一个必不可少的重要方面,贯穿教学始终。教师恰当的评价语,能营造良好的课堂氛围,激发学生学习的兴趣,调动学生思维的活跃。

教师们都应该以真诚的心,针对学生的实际状况进行客观性评价,避免简单的"你真棒!""你说得真好!""你真聪明"等敷衍评价。因为这样的评价,并不是建立在学生学习知识、形成能力的建构过程之上,虽也能形成一时的热闹场面,但很快就会让学生索然无味,成为无灵魂的程式化评价。

同时,教师的肢体动作及神态的评价也有着重要的作用。教师自然的体态,是教师内在情感的真实流露,表达出难以用语言表达的思想、态度,达到"此时无声胜有声"的效果。在课堂中,给予学生一个微笑的点头,一个赞许的眼神,一个轻轻的抚摸,一个高高举起的大拇指,一个热情的拥抱,都会拉近师生的距离,促进他们更有深度地进入课堂,让学生真正和教师产生心灵的对话,打造高效课堂。

苏老师始终坚信,"我们便是未来,我们终将成就未来。"希望在未来的路上,每个人都能不断丰盈人生,共同打造高效语文课堂,打造诗意语文。

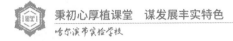

个人简介

邰媛媛

中共党员，中学一级数学教师，班主任。市"四有"好老师，优秀共产党员，优秀班主任。

千里之行　始于足下

很多人都说，教育是一门伟大的艺术，教师被称为"人类心灵的工程师"。是啊，身为人民教师，其基本职责是要让学生习得智慧，获得能力，也要向学生传授做人的道理，扬起学生追梦道路上的风帆，让每一个学生都能收获幸福，变得独立。但是教师们要明白，"心急吃不了热豆腐"，不管面对任何学生，都不要为了教而教，让每一节课都能点燃学生智慧的火花，成为学生成功的垫脚石。

在刚刚接手这个班级时，邰老师发现很多学生的基础知识并不牢固，数学运算能力较弱。有一个学生说道："现在都有计算器，我们不用花时间做计算，人要善于利用工具。"显然，因为各类计算器的便捷性，很多学生不够重视数学运算。这个学生还说道："数学不算是有用的一门课吧，最有用的就是算术了。"听到学生的轻视，邰老师能感觉到班级的学生似乎并不喜欢学数学，甚至隐隐衍生出了厌学的情绪。于是，为了帮助学生改变学习态度，她就列举了用统计去预估事物发展规律、思考获奖概率，以及用方程去探究与论证事物之间的数量关系等多个实例，组织学生学习了数学文化史，严肃地告诉学生："数学并不像大家想象得是一门没有用的学科，因为在工程、在艺术，甚至在我们的日常生活中都存在数学。也许大家现在还不能理解学数学的价值，但是老师要告诉你们的是，能学好数学的人势必会比不会学数学的人更具有逻辑思维、创造力，我们就拭目以待吧。"为了让学生们真正去感知数学的实用性，邰老师每节课都会利用生活事例去展现数学的广泛应用价值，还会设计"做中学"活动，督促学生在综合实践活动中利用数学思想去解决现实问题。慢慢地，学生们的学习态度有了很大转变。但是落下的课程并不是一朝一夕就能赶上的。于是，她反复安慰学生，告诉学生不要心急，在了解了学生的数学认知水平之后，还设计了一些有针对性的数学辅导计划。

在课堂上，为了让缺少数学认知能力的学生主动参与其中，邰老师会设计一些难度较低的学习任务。记得在教授"平行线的性质"一课时，她就直接告诉学生要学习画出具有平行关系的两条线，引导学生说出画平行线的过程。在这个环节，很多学生都会无意间去描述平行线的性质，但是却因为缺少数学抽象能力而难以自行总结平行线的性质。于是，邰老师就根据学生们的数学表达与画画行为，一步步引导学生去总结平行线的性质，帮助学生正确认识平行线，自然而然地掌握平行线的性质相关定理，这就能让学生积累有效的数学活动经验，也能让学生变得自信，找到学习的动力。

因为学生的底子比较差，所以为了让学生们打牢知识基础，邰老师也会利用空闲时间去辅导学生。有时候，她会根据学生作业本上的错题进行错题指导，根据错题成因去检验学生的认知盲区，有针对性地讲解相关知识点；有时候，她会直接通过关键性的问答活动去检验学生是否内化了课堂所学知识，根据学生的数学表达去设计辅导计划，帮助学生调整逻辑思维，优化学生的知识储备。在长期的辅导活动中，学生能认识到自己的不足，也能切身体会到学习进步的快乐。为了帮助学生尽快夯实基础，邰老师每周都会根据学生在解题练习时出现的错题去设计专项训练活动，实现错题再练，帮助学生不断地巩固所学知识。而当学生在同一类习题中反复出现错误时,就意味着学生并不是因为粗心马虎或者审题不清才做错题,而是根本没有掌握相应的知识点。显然,这一检测活动能让学生正确认识自己,邰老师也会帮助学生反复复习相关知识,直到学生能灵活应用,深刻记忆为止。

经过一段时间的努力,班级学生的成绩有了明显提升,学生在学年的排名明显提高。他们发现自己在解题时的错题数量越来越少,甚至有很多已经掌握的题型不管经过怎样的变动都不会再次出错。因为这份进步与收获,学生的信心大大增加,他们开始相信自己并不是差生,而是有无限的潜力待挖掘的潜力生。因此,这些学生开始自觉在课外空闲时间坐在教室里看数学书、做数学题,把自己曾经十分抗拒的数学变成了喜爱的学科。这让邰老师感到十分欣慰,成就感油然而生。同时,这也更加坚定了她帮助每一个学生打牢基础知识、取得学习进步的决心。

然而,并不是所有的学生都能按照预期计划不断地实现进步,也有学生即便付出努力却依然对自己的成长感到不满意。于是,邰老师告诉学生:"我们的努力与奋斗不一定都能取得好的结果,甚至我们还会看到一些不如我们努力的人会比我们更快地成长起来。但是,大家要记住的是,如果你因为一时的差距放弃了努力与奋斗,那么就无法抹平自己与其他同学之间的差距。只要我们不放弃努力,不断奋斗,总会一点点地成长起来,也许未来就会追上他人,即使依然落后,但是至少我们不会因为自己的碌碌无为而后悔,也不会因为自己的不思进取而遗憾。"

千里之行,始于足下,身为一线教师,要明白任何一个学生都有绽放自己的花期,教师们不必要求学生在同一个时期取得同样的进步,而应该陪着学生一步一个脚印地稳步成长!

个人简介

王力鹏

一级教师。曾荣获哈尔滨市四有好老师、市教育局模范工作者、市教育局记功、松北区数学学科骨干教师等荣誉。

信息技术2.0下的教学有效融合

2020年,实验学校开启了近三个月的线上教学工作。在线上课的开展过程中,老师们不断地总结教学经验,如何能够更大化的提高课堂质量。当时的王老师作为一名毕业班的老师,在复课后不仅要把握常规的教学计划,而且必须要深入地思考如何将线上与线下教学有效融合才能为线上教学画上圆满的句号,才能使学生们扬帆远航,赢得更大的辉煌。

一、复学先收心　作业为先行

教师主要是通过作业来了解学生对知识的掌握程度的。因此,教师只有认真评阅学生作业,才能发现并及时处理作业中存在的问题,才能夯实学生基础,为开学做好准备。线上教学以来,王老师每天利用钉钉平台进行作业的收集和批改,由于手机界面和字体大小有限,他更多的是用文字书写评语指出学生哪些题目出错需要修改,以便第二天的讲解。临近复学复课,王老师想可以让学生在改完作业后再次上交作业,老师批复,这样可以更加严格地端正学生的学习态度;另一方面,可以针对不学生科特点让他们进行知识点的思维导图的梳理,这样可以帮助他们更系统地掌握学科的知识体系。临近开学时,老师可以

适当地增加答疑频率,以帮助学生提前进入线下学习状态。

二、增加自习课　　适应新节奏

作为学校教学的必备课程,自习课不仅可以让学生们利用这段时间完成一些作业以及对知识点进行查缺补漏,还可以适当放松一下高度集中的注意力,为后面的课程做一下缓解。王老师的想法是,在临近复学时可以利用每天晚上时间为学生们增加一节自习课,让学生们打开摄像头进行自习。甚至可以为学生们规定哪段时间可以做一些什么内容,可以增加一些学生答疑的环节。这样可以帮助他们坐稳椅子,感受开学后的学习节奏。这样学生们在回到学校后就会适应很多,不会为长时间在家里的放松而突然紧张变得不适。而且老师通过镜头观察,可以发现孩子们细微之处的一些问题,以便于开学后解决这些问题解决,从而更好地提高学习效率。

三、摸底考试　　查摆问题

开学后,可以根据各个备课组的计划举行一次摸底考试,通过检测充分暴露学生在网课学习中存在的问题。教师会利用一节课专门答疑解惑。然后,学生对自身存在的问题进行自我归因,教师可以把学生的自我归因进行分类,并制定相应策略。通过摸底,各学科制定出本学科梳理与回顾计划。根据学科特点可以按课时、按单元,或者将内容整合分类对知识进行"零起点"地毯式的梳理回顾。这个过程一定要扎实有效,不要蜻蜓点水。不漏掉一个知识点,不漏掉一个学生。而且通过如此正式的方式也是用行动告诉学生们应该立刻收心将状态调整回先前的样子,以迎接后面更紧张忙碌的学习生活。

四、制订学习计划　　避免盲目学习

细节决定成败,每一个成功的学习计划都是在清晰的学习目标指导下而制订的,因此,教师只有引导学生根据学习目标制定学习计划,才能做好线上线下教学的顺利过渡,推动学生的高效学习。网课期间,由于每位家长监督程度不一致，教师远程监督的作用有限，个别同学缺乏学习的执行力。那么，在当前阶段，王老师会鼓励同学们设定每周学习目标、每日学习目标、每节课的学习目标，激发学生的内在学习动力。还会引导学生在制订学习计划时把学习任务细分到每个时间段，在规定的时间段内高效完成任务。此外，将会奖励达成目标效率较高的同学，激励大家行动起来，把计划变成现实。

五、重申规矩方圆　重视班级管理

没有规矩不成方圆，只有严格的管理才会打造出一流的集体。经历三个月的线上教学，多数学生处于散漫状态，特别是线上教学后期，原本形成的各种好的学习习惯早就丢得一干二净。学生回到学校，暴露出的各种问题让学生失去自信，让教师焦躁不安。因此，王老师认为应在复学前制订一份班级管理计划。学生的潜意识里是知道学校和班级的要求规定的，在开学后只要正式重申这些条款是可以唤起那些尘封的记忆的。规定的执行重在坚持，这时候可能更加考验教师，需要老师们更加有耐心地来陪伴孩子度过这一段时光。与日常行为规范相呼应的是学生的心理变化，这也是教师需要更加用心关注的。在家里待了这么长时间，孩子们的心理产生一定的变化也是很正常的，复学后老师应该密切关注这方面。如果孩子因此变得比较沉闷就需要老师和同学们积极帮助这部分孩子，可以通过一些集体活动，尤其是班会充分调动学生的主观能动性，让学生们都能够像以往一样积极向上。

六、小组合作　减少两极分化

前面提到，在线上课期间，由于部分孩子家长已经上班工作，一些学生处于无人管理状态，学习上自然会有所下降。回到学校后不可避免的就是好的同学可能越来越好，弱的同学越来越弱，两极分化明显。这对班级的管理也是不利的。为了缩小这种分化带来的差距，教师可以利用课间或其他时间对学困生进行点对点的答疑，对他们进行个别辅导。同时利用学习小组，实现一帮一或者多帮一，

小组内评比，小组间评比，形成良性的竞争氛围。好学生领着走，中等生扶着走，学困生牵着走，争取消灭学困现象，消灭两极分化现象。

实验学校的师生们在"停课不停学"的号召下进行了三个月的线上教学，这种方式也为今后的家校合作提供了一个很好的思路，只要有效地做好线上与线下教学的有效融合衔接，一定可以将学生的学习质量效果实现最大化。

集大智慧玉汝于成　　展实验人教学风采

个人简介

杨武鹏

中学一级物理教师，现任哈尔滨市实验学校德育副主任。哈新区"四有"好老师，熠铭名师工作室成员，获得市教育局记功荣誉。多次参加省、市、区教学大赛，取得优异成绩。

为"学困"一族点亮一盏灯

素质教育的宗旨是"面向全体学生,使学生得到全面发展",但长期以来,"学困生"问题一直是教育工作者普遍关心的问题,它不仅影响着教育教学质量的提高,而且也给家庭、社会带来了巨大的压力。不能有效地解决好"学困生"问题,素质教育就不能深入地发展和推进。因此,深入探究"学困生"形成的原因,解决"学困生"问题,消灭"学困生"现象,是当前教育发展中一件刻不容缓的事情。关于"学困生"问题的研究,就成为了教育界极为关注的焦点问题。

"学困生"的形成原因比较复杂。初中生正处于身体和心理加速发展的时期,他们的自我意识也在开始萌动,对待学习的态度也会随之发生变化。杨老师以案例的形式来分析"学困生"产生的原因,并寻找一些解决问题的对策。

案例背景：

杨老师班级体委小A同学,各方面能力都不错,体育节和运动会都带领班级取得优异的成绩。但是一提到他的学习,所有人都会替他急得冒汗。上课时,小A同学也知道听课,但是总是前后左右地乱动,不是借个尺子就是找本书,对于老师讲的内容他总是一知半解,且注意力很难集中。下课时,在教室里从来看不见他的身影。做作业也是马马虎虎，粗心大意，不写作业也是家常便饭。所以每次考试成绩一下来，他总在班级的后面。

案例事件：

期中考试后的一节自习课上，杨老师拿着全班的成绩打量着每一个孩子，思考着每一个人的问题。看到小A的成绩，在他的意料之中，还是很不理想。杨老师不禁疑惑："到底是什么原因，让这么聪明的一个孩子变成这样？"

接下来的一周，杨老师仔细观察着小A的一举一动。课下的时候杨老师想找小A谈谈，但是一下课这个孩子就要出去玩。看着他天真的表情，杨老师有点不忍心把他叫过来。因为，对于毕业学年来说，玩的时间真是少之又少。高尔基曾说过："谁不爱孩子，孩子就不爱他，只有爱孩子的人才能教育孩子。"热爱学生是教师的天职，它远比渊博的知识更重要。得到老师的关爱，是每个孩子的心愿，鼓励鞭策孩子，能够大大推动学生的成长和进步。第二节课的时候，因为上课睡觉他被科任老师批评了，课下杨老师把他叫了过来，在他的神情里，杨老师看出了他的畏惧。然而，杨老师并没有批评他，只是简单地询问了他睡觉的原因，他似乎有些诧异，但是没有说什么。

第二天上课的时候，他的表现明显好了很多，杨老师感觉到他也在注意着老师对他的态度。遇到简单的问题，杨老师会把他叫起来回答，当他说出正确答案的那一刻，全班同学都为他掌声，杨老师也微笑地点了点头。他似乎增长了信心，接下来的30分钟，只要他会的问题都会举手回答。

下课后，他跟着杨老师来到了办公室，轻声跟老师说："老师，我想学习。我父母都在外地工作，家里只有奶奶管我，奶奶什么都不懂，所以我总是应付，时间长了不会的多了，就不愿意学了。我想跟好同学一起学习，但是觉得自己跟他们没什么共同语言，所以只能跟和自己一样的人玩。老师，我觉得你是关注我的，没有放弃我，我现在开始要好好学，请相信我。"看着他的表情，杨老师很欣慰。杨老师意识到关爱比批评更有效果，学生需要的不是老师们一遍遍给他讲道理，逼他学习，而是关心他、爱他，让他真正想学。

案例分析：

初中阶段"学困生"形成的原因有许多，但是主要原因有一下几个方面：

1."学困生"普遍共性就是基础知识薄弱，影响他们在已有知识的基础上去构建新的知识，造成不能顺利地接受新知识，影响正常学习的后果。

2.学习方法不得当，不懂又不问，遇到难题缺乏独立思考的精神。偶尔有想要学好的冲动，但由于屡次遭受成绩的打击，也就逐渐丧失了进取心和学习的动力。

3.父母教育水平不高，缺乏正确的教育方式，家里没有安静的学习环境，家庭关系不融洽也是造成"学困生"原因之一。

4.有时教师也会有一种恨铁不成钢的无奈，有时还会有些不耐烦，有时还会充当训斥者的角色，这都会打击"学困生"的信心。教师对待"学困生"的态度也会影响其他同学的态度，造成同学们对"学困生"的讥笑嘲讽和歧视，所以"学困生"只能和同样落后的同学交往，这更是一种恶性循环。

案例启示：

其实"学困生"也有发展的潜能，他们无论在思想上还是行动上都是有待发展的个体。所以，若想促进"学困生"转化，就要对他们进行深入地理解，积极创造转化条件和机会，采取有效的方法：

1.教师对学生要多用鼓励性的评价。不挖苦学生，要给他们适合他们水平的任务，让他们体验努力后成功的喜悦，并对进步给与赞许，这有利于提高学生的自我价值感，取得更大的进步。

2.为"学困生"创造参与合作的机会。如在分组教学时，把"学困生"分到每一个组，与成绩好的同学沟通合作。每位同学都要积极思考，这样既给了"学困生"机会,也让他们承担了一部分义务和责任,让他们体会到"我能行"的快乐!

3.以期盼的眼神、鼓励的微笑、温和的语言对待"学困生"。一般成绩落后的学生,都会对老师有一种恐惧心理,教师的每一个细节都会让"学困生"体会到教师的关爱,感觉自己在教师心目中有地位,会燃起他们强烈的自信心。

结束语:

教育"学困生",教师必须投入长期精力。只有持之以恒,才能在"学困生"教育工作中获得令人满意的效果。因此教师在教育初中阶段的"学困生"时,一定要注意保持宽广的胸怀及乐观的情绪。对于教育工作中出现的问题不轻言放弃;对于获得的进步,也不沾沾自喜,以谨慎端正的态度帮助每一位"学困生"走出学习的困境。面对初中生的教育问题,教师必须要确保方式的科学合理性,并努力为学生营造一个良好的学习氛围,使学生倦怠的学习态度得到良好的改善。不断激发学生潜在的兴趣,有效提升其对知识的掌握能力。坚信发展"学困生"就是发展教师自我的创造性。

集大智慧玉汝于成　展实验人教学风采
哈尔滨市实验学校

个人简介

于丹丹

中学二级数学老师。现任八年三班班主任。优秀教师，优秀班主任。获得松北区"松江杯"初中数学教师解题大赛二等奖。

师生共游学海　齐筑高效课堂

中学数学本身具有抽象的特点，学生难免会出现不同的学习问题，所学知识难以应用到现实生活中，而教师有时忽视了对学生核心能力的培养，无法达到预期的教育效果。因此，教师在后续教育过程中就要不断地改变教学方法，有效地帮助学生学习不同的数学知识点，提高课堂教学质量，让学生变得更好，拥有更多的学习经验和更大的发展空间。

随着素质教育理念的深入，学生成为课堂学习的主体。教师在教育过程中不仅要注重知识点，更要培养学生运用知识的能力，学会解决实际问题，合理运用多种教学方法，激发学生的学习兴趣，为构建初中数学高效课堂奠定基础。

初中数学是一门非常重要的科目，教师要想办法让学生在初中数学中学到更多的知识和更多有趣的信息。但是，在数学教学过程中肯定存在一些问题，教师要想办法提高初中数学课堂的质量和效率，让学生学好数学事半功倍。

一、初中数学教育现状

首先，因教师教学能力不足，导致学生不能完全理解数学课本的内容，设计的学习活动就不能满足新课改的基本要求，就不能抓住学生的注意力和思想。

一些教师无法在教学过程中限制学生的学习范围，帮助发展或提高数学和思维能力。同时，教师创设课堂评价体系不科学，通常将期末考试作为衡量学生整体学习质量的唯一标准，并以成绩来评判学生，这对学生的积极性和自信心有了很大的打击。此外，教师的评价语言非常相似，定性和定量的评价都不尽如人意，随着时间的推移，学生的自尊和学习自信心会显著下降。

其次，教学方法过于单一。很多教师为了快速完成教学任务，只采用奖励策略来教学，而忽视学生的基本学习经验和个人特点。这种机械的教学方式，使学生产生严重的疲劳感。在课堂教学过程中，教师认为自己是课堂教学的主体，而不是学生学习的引导者，教师不关心教学方法是否恰当，学生的心理感受是否良好。

另外，学生自身因素也是影响中学生数学综合水平的主要因素。中学生对学习目标认识差，主动性低，学习方法落后，学习效率低，缺乏良好的学习习惯，大多数学生在课前没有主动预习的好习惯。如今的数学教材注重培养学生对知识的探索，并考查知识运用的综合能力。随着初中所学科目数量的增加和课业的日益繁重，许多学生产生了不同程度的心理压力。

二、初中高效数学课堂建设策略

想要调动学生对数学学习的兴趣，教师可以尝试利用微课、PPT等方式吸引学生注意力。一般来说，初中生吸收新知识的能力非常高，但每个学生的性格和学习态度都不一样。初中阶段，学生的学习能力是分层的，学习态度认真的学生可以保持优异的成绩，但学习态度不认真的学生成绩就降低了。随着初中数学内容复杂程度的增加，学业成绩不仅受智商的影响，还受学习态度和专注度的影响。因此，学生的成绩分层是非常清晰的。在这种情况下，教师可以利用微课来帮助学生从短期学习中获得最大收益。教师通常按照教科书中的顺序，照本宣科地进行教学，但学生厌倦了这种教学模式，所以教师要创新课堂教学方式，提高学生在课堂上的注意力和学习效率，为构建高效数学课堂奠定基础。

合理利用团体合作也是较为常见的方法之一。为了避免在复杂的协作学习上浪费大量的精力和时间，可以将一些不太复杂的知识传授给学生进行自学。因此，数学教师课后要认真研读课本内容，精心挑选相关知识，提高学生学习能力，使学生共同学习数学，提高学习成果。例如，在教授"方程"时，教师可以使用协作学习的模式。教师可通过以下方式协调小组作业，让学生学习相关知识：教师先向学生介绍所学的内容，然后再结合教材，指导学生讨论和总结的知识点。接下来，对方程的两个特征进行推导、检验、分组提问，加深学生对知识的理解。最后，共同探索在使用相同属性求解一次性方程时要考虑的问题。通过自主学习和小组合作，学生互相帮助实现本课程的教育目标，让学生学会独立思考。合理运用小组协作，不仅达到了互相帮助、互相学习的目的，而且有效地提高了学生的学习效率，激发了学生的学习动力，课堂教学质量得以提高。

在课堂上提问也是大多数教师会采取的措施。课堂提问可以激发学生的思维，培养学生独立思考能力，但也存在一些弊端。例如教师提出的问题过于简单，教师不了解学生之间的学习差异，有些学生无法回答教师提出的问题，有些学生能回答出来。因此，教师结合现代教育发展的特点，对课堂问题进行优化。教师要深入研究学生的学习能力，了解学生的实际学习情况，提出相应的问题。在提问学生的过程中，教师要注重教育激励，鼓励学生积极参与课堂学习，帮助学生营造良好的学习环境，培养学生的创造性思维，打造高效课堂。

实施生活化教育，培养学生数量意识。在数学学习中，培养学生的数量意识，不仅能提高学生解决问题的能力，还能帮助区分问题的不同定量条件，让学生在分析数学问题时更加灵活。在培养学生数量意识的同时，教师将数学问题与现实生活相结合，帮助学生看到生活中的数学问题，加深对数学学习的理解，提高学习意识，提高学生的学习效率。

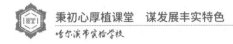

营造有趣的课堂氛围,使学生提高学习数学的积极性。轻松愉快的课堂氛围能让学生能够放松身心,专心学习。例如,"正负数"是学生在初中接触的第一个数学知识,如果老师直接向学生解释概念,学生接受和理解的效果可能不是很好,所以老师可以通过在课堂上播放幽默视频,以及运用幽默的教育语言,使学生更轻松地接受新知识,并享受学习数学的乐趣。

综上所述,随着新课程改革的不断推进,学生成为了课堂教学的主体。教师要在教育过程中合理运用不同的教学方法,以激发学生的学习兴趣,提高学生数学核心素养,不断提高初中数学教学效率,为构建高效数学课堂奠定坚实的基础。

三 | 严而不厉育德育心
求而不苛树人树魂

> 严而不厉育德育心　求而不苛树人树魂
> 哈尔滨市实验学校

访 谈
学以指导　教以诚德

编者按

战春梅

中共党员，高级教师，哈尔滨市实验学校副校长，课程研发中心负责人。哈尔滨市语文学科骨干教师，有十五年的班主任工作经验。"润初"哈尔滨市实验学校班主任名师工作室主持人。

蕴德树品无浅处　春风化雨润无痕

访问：战校长你好，实验学校的德育工作做得有声有色，看到了多篇报道，能和我们介绍一下德育工作主要是从哪几方面着手的吗？

战春梅：好的。我们主要从发挥宣传团队力量、提升班主任管理能力、开展丰富多彩团队课程、进行生命安全教育、完善学校家庭社会三位一体的德育网络等几方面入手开展工作。

访问：我关注了学校的公众号，的确能通过平台感受实验学校的风采和精神。那么宣传工作有什么特色吗？

战春梅：感谢您的关注和认可。我认为宣传团队意识强、行动快、途径广、力度大。我们成立了宣传小组，学校的各个部门和六大书院共同协力做好宣传工作，利用学校公众号、班级家长群、朋友圈、学校电子屏、宣传栏，开展多维度的宣传，为教学的顺利进行保驾护航。

访问：学校是如何打造班主任队伍的呢？

战春梅：在任何时期班主任都是一个学校非常重要的精神支柱，他们太可爱可敬了。学校以学年为单位，学年主任加强班主任的培训，老带新，共促进。同时，通过"至善有约"让优秀的班主任进行经验分享。学校从管理角度也会经常深入班级巡课、听课，发现问题，及时沟通。开展班主任讲坛，在每次班主任例会上进行交流分享，对微案例进行分析，我们走出去，请进来，让班主任们能够在实践中思考，思考中提升。

访问：家校合作方面是否有新的思考和实践呢？

战春梅：德育工作者真切地意识到家庭、学校和社会三位一体的德育网络构建是非常重要的。家校深度合作，学校、家长、社会各司其职，对学生品格塑造具有特殊意义。

增加家校沟通频率："实验彩桥"密切联系。实验学校成立之初，就在微信平台开设"实验彩桥"栏目，发布学校各种教育信息，密切家校联系，让家长及时了解学校动态。在微信平台的不断完善后，我们又增添了"家校共育"栏目。以"润初"班主任名师工作室为契机，18位班主任通过微信平台交流育人心得。通过微信平台我们展示家庭教育成功案例，收集家长在教育孩子的过程中产生的困惑，向家长介绍家教信息、家庭育子策略、亲子交往途径，让广大家长从中汲取营养，及时辅导家长更好地引导教育孩子。

增进家校合作深度："家长委员会"助力学校管理。实验学校成立三级家长委员会，协助学校开展各项教育工作，协助学校组织交流家庭教育的经验，同时也为加强家长自身建设发挥了极大作用。

访问：咱们学校的"校长有约"活动很受欢迎，我们开展这项活动的初衷是什么呢？

战春梅：学校五位校长及学年主管领导和学年主任同家长代表共进午餐。家长代表是自愿报名，班主任根据报名情况进行推荐，每一次的"校长有约"所面临的家长一定是班级中不同层面的，他们轮流参加"校长有约"活动。活动旨在让家长们走进学校，利用与校长共进午餐的形式，或者直接与校长进行交流对话的形式，了解学生的真实学习状态与教育需求，给家长提供一个问题的切口，针对班级教育、教学、日常管理等，有问题，说问题，共同面对进行梳理，最终解决问题。这是我们"校长有约"的初衷与宗旨。实验学校在创建与家长沟通的桥梁的同时，也鼓励家长们以主人翁的意识积极参与到学校教育教学的建设中来，这也是为了更好地促进学校内涵发展和学生健康成长。

访问：对于未来的德育管理有什么想法吗？

战春梅：要做到变——从德育课程转向课程德育，从师本德育转向生本德育，从短期德育转向长期德育，从叙事德育转向文化德育。重点要常推短进，既要有长远的规划，也要有阶段性的短进。德育是一个持久、渐进、积累的过程，我们定会做到以德为先，以德育人，春风化雨，润物无声。

特色工作

寸草春晖　启智求真

个人简介

李洪滨

中共党员，高级教师，哈尔滨市实验学校六年级学年主任，第四党支部书记，哈尔滨市优秀共产党员、市师德先进个人、市最美班主任、市四有好老师、市教育局记大功、记功多次。全国数学奥林匹克竞赛优秀指导教师。

打造家校共育模式　培养个性智慧少年

哈尔滨市实验学校以"紫冰花文化"文化体系，培养个性、智慧的紫冰花少年。"紫冰花文化"文化体系立足于哈尔滨城市文化标志——紫丁香与冰花，借鉴整合为学校的文化象征，代表着一种刚柔相济的坚毅品格和优雅气息，学校以"丰实生命，创验未来"的办学思想，打造家校共育模式，培养具备优雅气质和坚毅品格的紫冰花少年。

一、发挥双向选择的师生共育作用

实验学校的教师是学生成长的陪伴者。九年一贯制的办学体制是一种天然的教育优势，学校通过九年分段的积累帮助孩子形成必要的好习惯，给他们的生命一个好的开端,给生命更多更好的可能。

(一)学生成长的个性定制

实验学校以"个性成长的守护者,现代教育的实验人"为办学目标。让每个孩子的生命都与众不同,尽力满足他们独有的成长需求。教育归宿,不是实现共性成长,而是满足孩子的个性成长,是在孩子们不同个性的基础上去让生命变得丰满。

"自治管理"发现学生个性。实验学校强调自治管理理念,通过自治管理影响学生自主发展。因此,在学生会管理中,强调学生能够开展自我服务、自我管理、自我教育。"科学诊断"发展学生个性。学校通过与专业的平台合作,运用心理测评软件和心理测评问题对学生进行心理测评,对学生开展各个学科的综合素质评估,为学生制定贴近生活实际、可操作性强的人生导航。

(二)师德师风的个性示范

师德建设是德育工作实施的重要支撑,强化班主任的师德师风建设,是塑造学校品牌形象的重要路径。

1. 进行会议宣传。利用班主任例会、学校大会、节假日专题会议等强调师德师风的严肃性和重要性,促进教学质量的全面提升,做家长信任、学生满意的教师。2. 重视模范带动。班主任队伍中有很多优秀的"领头雁",挖掘他们的闪光点,用会议宣传,以优秀班主任的模范行为带动全体班主任。3. 通过活动促进。开展形式多样、内容丰富的师德教育活动,提高师德教育的实效性,有所创新,把师德建设不断地推向前进。4. 进行师德考核。学期末进行工作考核,评选出"优秀班主任",实行一票否决,用考核促进队伍建设,创好口碑,创学校的好品牌。

(三)全员导师的个性指导

教师是学校教育教学的践行者,他们是提升学校教育教学质量、促进学

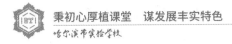

生自身成长实实在在的贡献者。学校对育慧教师通过多种途径提升他们的育人能力，导师引领助力成长，成长工程互助成长。同时校内开展青蓝工程、致远工程、至善工程，发挥学科带头人、骨干教师、名优教师的传、帮、带作用，建设一支高质量师资队伍。促使教师成为紫冰花少年的引领者和育慧者，以紫冰花团队建设助力学生发展。

智慧教师针对学生进行个性全面的引导。一是心理指导，二是生活指导，三是学习指导，四是生涯规划指导，五是法治指导。关注学生心理问题并帮助其纾解。对孩子的自理能力、合作能力、社会适应能力等进行持续关注式培养。

二、发挥信息互通的家校共育作用

建立健全家庭教育工作机制，推动家庭教育，普及家长委员会和家长学校，改进家访制度，鼓励家长参与学校管理，树立科学观念，运用良好家风，促进学生成长成才。

（一）增加家校沟通频率

"实验彩桥"密切联系。学校通过微信平台展示家庭教育成功案例，收集家长在教育孩子的过程中产生的困惑，向家长介绍家教信息、家庭育子策略、亲子交往途径，让广大家长从中汲取营养，及时辅导家长更好地教育孩子。"家长开放日"增强互动。家长会前召开"家长开放日"活动，让家长走进学校、步入课堂、观摩大课间、了解社团课程的开放日活动，让家长真实了解孩子在课堂中的学习情况。

（二）增进家校合作深度

"家长委员会"助力学校管理。各个班级成立了班级家长委员会，在此基础上产生学年、学校家长委员会。他们参与课程建设，参与"校长有约"促进深度融合。活动旨在让家长们走进学校，利用与校长共进午餐的形式，丰富家校合作形式，加强家校共育合作，并了解学生的真实学习状态与教育需求。

三、发挥资源联动的社会共育作用

丰富的社会资源为学生搭建起广阔的成长舞台。整合社会资源，保证德育课程和活动的开展，建立省际教育联盟，发挥资源强强联合优势，搭建社会资源共享平台，通过市场化运营机制满足不同资源方之间的多样化合作，激发资源利用的活力。

协同育德的共育模式不是一蹴而就的，要能够站在高处、看在远处，能够着手小处、干在实处，开拓创新、不断创验，努力形成全员育人、全程育人、全方位育人的德育工作长效机制，培育紫冰花开！

个人简介

孙英奥

二级教师，哈尔滨市实验学校体育教师，共青团哈尔滨市实验学校委员会团委书记，共青团哈尔滨市松北区工作委员会委员。市区优秀指导教师。

立德树人践行使命　紫冰花开异彩纷呈
——哈尔滨市实验学校初中部团委常规工作

学校的德育过程，就是对学生进行政治、思想、道德品质的教育，将一定社会的思想准则和道德规范，转化为学生个体的思想品德的过程。如何能使学生在思想、心灵深处潜移默化地发生这一转化，是教育者不断探索、研究的重点。

实验学校团委紧紧围绕学校中心工作，以思想政治教育为核心，以校园文化建设为基础，以创新创业教育为重点，以团的组织建设为保障，以服务教育教学一线为己任，拓展共青团工作平台，延伸工作手臂，努力促进和谐校园建设，充分调动了广大共青团员的先锋模范作用，旨在对学生进行综合评价，让学生精彩绽放。

一、行随至善之声　心动至美校园

"至善之声"广播站成立于2019年11月21日，"至善之声"广播站是团委下设的宣传机构，广播站致力于传递校园信息，活跃校园氛围，以服务广大师生、丰富校园文化生活为己任。

"至善之声"广播站作为实验学校文化建设的前沿阵地，团委工作开展的一张名片，充实了紫冰花少年的课余生活，推进了团委的工作建设，在日常工作中，以至善之窗为依托，评出优秀广播员、最美播音员等奖项，注重学生综合素质的提升。

二、紫冰花合唱团　奏响青春旋律

为深入贯彻党的十九大精神，以及习近平总书记关于青少年和共青团工作的重要指示精神，积极适应共青团深化改革新形势、教育领域综合改革新发展和当代中学生新特点，尤其是以全面提升先进性为主要目标，着力推进中学共青团组织创新和工作创新，努力为党培养中国特色社会主义事业的合格建设者和可靠接班人。2020年10月9日经学校研究决定成立"共青团哈尔滨市实验学校委员会——紫冰花合唱团"，紫冰花合唱团围绕实验学校教育事业改革和人才培养大局，彰显共青团的组织特征和特色优势，找准实验学校共青团工作的职能定位和工作路径，提升育人价值。以深化学生为中心的改革、把准学生脉搏了解学生心声坚持服务学生的工作为生命线，让学生成为团学工作和活动的主角，问需问策问效于学生。紫冰花合唱团始终在学校起着重要的代表作用，紫冰花合唱团以全面提高学生的音乐素养为宗旨，并且努力地为学生们创造出一个良好的学习环境，努力带动学生们对于音乐的热情和积极性，丰富学生们的课外活动。

紫冰花合唱团在"团区委12·9活动""团区委学党史 强信念 跟党走——庆祝建党100周年主题团课"中进行了精彩的汇报演出，得到了上级领导的认可与肯定。实验学校注重对学生的综合素质评价，对于积极参与活动的学生进行奖励，评选出学校的校园音乐之星、艺术之星、德育之星，促进学生们参与课外活动的积极性。

三、响应青年学习　引航时代先锋

青年大学习是共青团中央为了组织引导广大青年深入学习贯彻习近平新时代中国特色主义思想和党的十九大精神而录制的系列团课，在校领导大力支持下，共青团哈尔滨市实验学校委员会成立青年大学习负责人，每周会更新一期，下发学习通知，每一期都有不同的主题。团课的标语"学习新思想，争做新青年"已成为了流行语，在校园内人尽皆知。班里的同学们会在新一期团课上线后，第一时间进行学习，学生们会将团课进行反复地学习。通过一个个简短精彩的视频，可以更加深刻地了解国家的政策、了解国家的最新动态。在此活动中还评选出优秀宣讲员、最佳团支书等奖项，鼓励大家参与到此次学习的浪潮中。

共青团哈尔滨市实验学校委员会继续坚持开展实验学校的各项特色团委活动，全面提质增效创新工作，力争取得更大的进步，为校团委工作的有序开展奋进担当，砥砺前行。学校注重对学生的评价更注重综合素质，注重核心素养的落实，团委丰富多彩的活动是给予学生成长的一片广阔天地，更是我校德育建设的排头兵。让艺术之花在校园中绽放，为每一位实验学子搭建综合发展的桥梁。

个人简介

陈筱雪

二级教师，哈尔滨市实验学校小学部地方课教师。获得哈尔滨市教育局记大功一次，市"烛光杯"赛课特等奖、市青年教师技能大赛一等奖。。

光荣入队助成长　争做新时代好队员

——哈尔滨市实验学校少先队新队员入队工作

一、理念思想

根据《关于构建阶梯式成长激励体系增强少先队员光荣感的指导意见》，依托哈尔滨市实验学校培养"正品行　求真知　怀天下"的智慧少年的育人目标，哈尔滨市实验学校少先队委员会落实《入队规程》，坚持"全童入队"组织发展原则，通过充分的队前教育、具体的入队标准、规范的入队程序和庄严的入队仪式，有组织地吸收适龄少年儿童加入少先队，从源头培养少先队员的光荣感和组织归属感。

二、意义作用

中国少年先锋队是少年儿童自己的组织，加入少先队是每个适龄儿童的使命和骄傲。成为少先队的主人，他们自己管理自己，自己教育自己，通过开展各种有意义的活动，在实践中培养自己的能力，增长才干。中国少年先锋队引导少年儿童树立远大的革命理想；提高他们的集体主义精神和主动性、积极性、创造性；培养他们成为有理想、有道德、有文化、有纪律的共产

主义事业的接班人。

三、实施方式

2020年5月,哈尔滨市实验学校少先队委员会以十三届全国人大三次会议和全国政协十三届三次会议为背景,以"六一"儿童节为契机,根据团省委、省少工委文件要求,组织开展"争做新时代好队员"迎"六一"升旗仪式暨2019级新队员入队仪式。

四、具体内容

(一)注重队前教育,培养少先队精神

实验学校少先队委员会开拓"自己的活动自己搞、自己的阵地自己建、自己的事情自己管"的少先队工作新局面,在入队之初,推出"走进少先队"2020年新队员队前培训,为预备队员讲解少先队"六知、六会、一做"的内容。组织五年级大队委成员进行队前培训,将少先队"六知、六会、一做"的内容进行总结和梳理,形成九期队前培训主题,并由大队委员担任主讲人。

一年级预备中队辅导员组织全体预备队员学习。通过精彩的讲解,生动的视频,队课中的内容让预备队员学习少先队精神,增强预备队员使命感和责任感,激发他们对少先队的向往。

(二)创新入队新形式,提升入队仪式感

根据上级少先队组织要求,我校少先队委员会安排预备中队辅导员组织全体预备队员家长通过"黑龙江共青团微信公众号"进行网络队务申请。经过队前培训的学习,预备队员提交了入队申请书,填写队员登记表,背诵队员编号,为成为光荣的少先队员做足了准备。

5月25日,我校少先队委员会举行了新形式的"争做新时代好队员"迎"六一"升旗仪式暨2019级新队员入队仪式。实验学校303名一年级预备队员在全体实验师生和家长们的陪伴下,佩戴上鲜艳的红领巾加入中国少年先

锋队。出队旗、唱队歌，经过一年的学习和沉淀，一年级的新队员已经成长为新时代接班人。新队员的家长作为曾经的"老队员"为自己的孩子佩戴红领巾，这是一种少先队精神的传承，也是家庭文化的延续。

在鲜艳的队旗下，全体新队员进行宣誓，铿锵有力的誓词，深入人心。本次入队仪式，同时成立八个新中队，并聘任八位优秀教师担任中队辅导员，全体新队员将在大队、中队辅导员的陪伴下，树立理想，天天向上。

实验学校校领导和辅导员对新队员寄予了厚望，希望他们在实验的沃土汲取成长的养分，成为全面发展的共产主义建设者和接班人。全体新队员将牢记辅导员和家长殷切的期望，牢记少先队的纲领，遵守少先队的章程，勤奋好学，顽强拼搏，迎接新时代的挑战。

> 秉初心厚植课堂　谋发展丰实特色
> 哈尔滨市实验学校

德育叙事

知行一致　行胜于言

编者按

柯福红

一级教师。从事英语教学20年以来，一直担任班主任工作。曾获得国家级科研课题"四位一体英语教学法"论文一等奖，省级"十五"期间美育实验优秀教师，市级"原创试题"特等奖等荣誉。

在你的"黑名单"里破冰而出

镜头一：隔屏隔山

"宝贝交作业了！"看着微信屏幕上红红的叹号，柯福红老师的消息被拒接了！怎么？她被小张同学拉入黑名单了?!

新学期伊始，几名学生就出现了交作业难，甚至不交作业的情况。小张同学在班级是成绩不错的孩子，可开学不久严重厌学，做事情随意性强，和父母沟通困难等缺点逐渐显露出来，最明显的是写作业拖拉，甚至不写。在和家长的沟通中，柯老师发现小张同学正处于青春叛逆期阶段，虽然缺点挺多，但他还没有放弃学习，就是不爱记作业、写作业。因为孩子一直有自己的手机,并且孩子的妈妈监督孩子每天能玩半个小时手机,于是柯老师和他约好,每天老师坚持在微信中给孩子发优秀笔记让孩子查缺补漏,把优秀作业发给孩子鼓励他。虽然孩子作业也是经常糊弄,但能保证坚持交作业。可是第一周后柯老师给孩子发作业提醒时,消息被拒接。"黑名单"三字一下子令柯老师如被一盆冷水浇得透心凉,感觉有一座大山阻隔在师生之间,各种情感交织而来,伤心、不甘、愤怒……是否告知他的妈妈,告诉她这孩子教不了了……平静一会儿,柯老师仍然把优秀笔记发给孩子的妈妈并叮嘱她,检查孩子的笔记时借鉴一下优秀作业,把漏掉的知识点补上,只字未提孩子拉黑老师的事情。

镜头二:隔屏送暖

孩子的作业仍然潦草而且知识点不全,柯老师每天尽量从他潦草的笔记和作业中找到一点点可取的地方,在课上表扬他,并且在批改他的作业时,经常地鼓励几句——"希望你与粗心告别,与细心交朋友,我期待你的蜕变哦!""从你的作业中老师看得出你的知识掌握不错,但你的书写要更工整些,加油宝贝!"……每天课上柯老师都提问小张同学一个简单的问题,他几乎都能磕磕绊绊答对,柯老师趁热打铁表扬他一直没放弃学习,作业能"上交",课上能"回答问题",不过和其他优秀同学相比还有一些差距。柯老师知道孩子刚有点进步但还不稳定,一定要继续跟进鼓励他不能放松。即使他是寒冬的冰块,只要坚持每天给孩子一些温暖的鼓励,必将慢慢融化他冰冷的心。

镜头三:融化坚冰

虽然暂时让一个叛逆孩子不再对老师逆反了,但他还没把柯老师从黑名单里"释放"出来,怎么办?在周五布置作业时,柯老师启发孩子们说这次周末的作业是对孩子一周学习的检测,老师发现这段时间好多同学紧跟课堂步伐,特别提到了小张同学,鼓励孩子们和老师一起探讨解题技巧。柯老师感

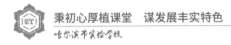

觉自己要从宝贝的黑名单中破冰而出了,果不其然,大约十点钟,孩子给柯老师发信息了,一个害羞的表情。"打扰了老师,我有问题想问你。"柯老师耐心地给孩子讲完题,为了不挫伤孩子自尊心,就好像两人一直是微信好友。孩子说:"老师谢谢您,我会努力学习的,不辜负您的期望。""嗯,老师期待你的蜕变!"师生的对话以这个宝贝的一大方阵玫瑰花信息结束!由"你"到"您"的称呼,柯老师知道师爱在孩子的内心深处闪亮……也许学生的理解与感恩会迟到,但绝不会缺席!

班主任工作由最初的鸡毛蒜皮伴随着些许沮丧到最后的豁然开朗掺杂着内心的期望,和孩子们朝夕相伴,柯老师感受到他们的世界单纯而又复杂,每个孩子都有自尊心,对于孩子的一时"糊涂",班主任不应该简单粗暴地批评声讨,而是要用爱心和耐心并且伴随着不断思考来感化他改变他,使其认识到自己的错误,让教育成为一场教与学的双向奔赴。

用尊重之心聆听,以关爱之手护航。紫冰花开,静待芬芳。

个人简介

姜沙沙

一级教师,担任班主任及语文教学工作。曾获松北区"创优杯"赛课二等奖。

用心陪伴促成长　不吝鼓励助向前

"陪伴,是最长情的告白。"班主任教学工作亦是如此。从班级组建初期,到现在的千余日,姜沙沙老师用精心陪伴,真诚鼓励,凝聚班级力量,助力冰花少年勇往直前。

一、"我陪你一起努力。"

每名学生都是一粒花种,有的一开始就可以绚丽绽放,有的却默默无闻,需要漫长的陪伴和等待。正如叶圣陶先生所说,教育是农业而不是工业。作为班主任教师,姜老师会经常告诉学生,"孩子,别着急,我陪你一起努力"。

刚步入初中校门,有些孩子不适应初中生活的节奏,面对紧张的初中学习生活,他们或多或少有些手足无措。相对于小学阶段的学习,他们的心理落差也随之而来。

有一次体育课,班级里有一名女同学说身体不舒服没有去室外上课。姜老师坐在班级一边批作业一边陪着她。抬头间隙,突然发现这名同学趴在桌子上悄悄抹泪。姜老师心里一惊,赶忙走到她身边,耐心询问后才知道,这次小测没考好,心里难过才没去上体育课。姜老师知道她心里的落差,也理解她的不服输。便坐在她的身边,告诉她,老师可以陪着她把不明白的知识点整理一遍,并鼓励她,努力后一定是成功。

桃李虽不言,下自已成蹊。亲切地鼓励,默默地陪伴,成为了滋润孩子心田的细雨,成为她奋进的助力。

只见她擦干了眼角的泪痕,拿起笔认真整理起错题来。看着她专注的样子,姜老师由衷地高兴。什么也阻挡不了一颗向上的心去拥抱天空,这种拼劲,一定可以让她重整旗鼓,奋发向前。

二、"我为你骄傲。"

哲学家詹姆士曾经说过:"人类本质中最殷切的要求是渴望被肯定。"初中生也是这样,老师的赞美是他们成长中不可或缺的养料,所以姜老师从不吝啬对学生的赞美。

班级有这样一名学生,平时成绩不是很理想,但是每一节课都认真地听讲,从来不扰乱课堂,课后作业也能认真完成。经过观察,姜老师发现影响他进步的主要原因就是他不够自信。上课老师提问,他从来不会主动举手。即使老师叫他回答问题,他的声音也小得如同羸弱的蚊蝇。

一次生字听写后,这名同学都书写对了,姜老师抓住机会,在全班同学面前表扬他:"你这次进步非常大,老师真为你骄傲。"同学也为他鼓掌。只见他红着脸笑,却多了一份阳光与自信。

在那之后,姜老师让他帮忙检查批改过的小卷,每当他发现老师的"漏网之鱼"并指出后,姜老师都及时给予肯定。"你真细心,老师都没发现。""你可真厉害,这么难的字都认得。""你可真是老师的好帮手。"

一次次鼓励,这名同学在课堂上爱发言了,声音响亮了,成绩也慢慢提高了。

老师的鼓励和赞美,如同雨露滋润着学生的心灵。谁能阻挡渴望得到肯定的学生去努力学习呢？相信他一定可以昂首阔步努力向上。

　　用心陪伴，真诚赞美，给学生带来了温暖，帮助学生取得了进步，也不断丰富着姜老师教书育人的工作。教书，不仅需要教师明确自身的主导地位，更需要尊重学生的学习主体地位，给予学生陪伴和赞美，只有这样，才能更好地建立和谐的师生关系，更快地促进学生的进步，更有效地教书育人。

个人简介

李晓迁

一级教师，区级科研骨干，班主任，八年级语文备课组组长，"精一"刘翠语文工作室核心成员。曾获得哈尔滨市"烛光杯"语文学科一等奖。

滋兰树慧　一路芬芳

微冷的天气总会因某种善意的存在而令人心生温暖，教育的初心总会在学校和家庭的互相配合中更加坚定。

周末，早七点五十分，李晓迁老师和同学年组的两位科任教师约好在学生家的楼下集合，开始今天的家访工作。回想那天的点点滴滴，温情的画面历历在目。

情境一：不知是家长们特意约好，还是心有灵犀，老师们每到一家之前，家长都会带着孩子在楼下等待和迎接，会不约而同地说："老师，您在周末也不休息，真是辛苦了。"走进了孩子的家里，李老师惊讶地发现原来在班级里那个腼腆、内向的小浩轩竟是个细心、周到的小暖男，虽然依旧不爱说话，但是却忙前忙后地给老师们端水果，倒茶水，还悄悄把他认为最好吃的放在离老师位置最近的地方。当李老师问起他假期是否做了预习，新学期又有什么打算的时候，他憨憨地笑了，轻轻地告诉老师假期他做了预习，也对上学期的知识进行了复习，但是自己不够专心，很多知识都不够扎实。坐在他身边的地理老师，一下子搂住了他的肩膀，笑着说："没事儿，我就看好你，对你

严而不厉育德育心　　求而不苛树人树魂

有信心,这学期跟着好好学,肯定没问题。"接着地理老师又向他详细讲解了本学期要进行结业考试的复习策略和最应该具备的态度。作为班主任,李老师坐在他们的旁边,静静地听,悄悄地看,她听到了老师的谆谆教导,也看到了那个一向在学习上缺少自信的小男孩眼中的光芒……临出门,家长拉住李老师的手,说:"老师,我们真的感恩学校,感谢老师,需要我们家长做的,我们一定努力地做好。"家访是一条连接学校和家庭的纽带,老师与家长彼此的信任与理解是共同助力孩子成长的保障。

情境二:走进小钰的家里,眼前出现的景象和李老师想象的是一样的。温柔亲切的妈妈培养出优秀乖巧的宝贝。小钰妈妈性格温柔,话不多,会根据老师的询问说些小钰在家的表现。当老师们问起,对学校和老师有哪些期望和建议时,小钰妈妈说:"学校整体的教育理念和老师们对孩子们的付出,我们都看在眼里,我们感激学校,信任老师,我们没有过多的建议,只期望孩子努力学习,不辜负学校的培养。"听见家长如此真诚和认可的评价,李老师心里着实被触动到了,无论在班级管理和教学工作中,老师们曾经付出了多少,一切都是值得的。一所令家长满意的学校,一群被老师倾心呵护的学生,这种交集就是最美的相遇。

"沐桃育李师亦友,滋兰树慧满庭芳",初春的季节仍然是有些清冷的,当真心的关爱,由衷的信任,互相的理解与支持,在彼此的心里像溪流一样静静流淌时,感觉竟是那样的温暖而美好。

个人简介

王雪

中共党员,英语教师,一级教师。曾获哈尔滨市教育局记功奖励。中国教育系统优质课三等奖。

斗智斗勇展百般武艺　破冰之旅享成蝶风华

班主任可能是这个世界上最小的"主任",可是却担负着最重要的责任——教书育人。刚参加工作时,作为一名新班主任,王雪老师既知困难重重,也明白责任重大。为了让"一切为了孩子,为了孩子的一切,为了一切的孩子"切实落实而不是只成为一句口号,也为了让初中这场"特殊的修行"成为孩子们的人生"拐点"而不是"断点",王老师绞尽脑汁去和那些"小恶魔""小天才"斗智斗勇,一场"殊死搏斗"就此展开。

第一阶段——诱敌深入,伺机而动

班级组建之初,学生们都较谨慎和矜持。为了发现他们的弱点和隐藏的"大招",王老师故意"示弱"放松警惕,对他们的小调皮视而不见,对他们作业的敷衍也是一笑置之。于是几天之后,那些按捺不住的"小鱼小虾"开始蠢蠢欲动了。上课愈发自由散漫,甚至是调侃,作业也愈加应付,漏洞百出。王老师耐住性子,把上课情况一一记录在册,并把每一样作业情况统计成表格。终于,在风和日丽的一天,王老师用严肃替代了之前的"温柔"。一节课的时间,她将所有人的表现和作业的情况"血淋淋"地摆在了每一位学生和

严而不厉育德育心　　求而不苛树人树魂

哈尔滨市实验学校

家长的面前，并疾言厉色地讲解了自我放逐的危害，当着家长的面对每一个疏于管理自己的学生进行直击灵魂的拷问。事实面前学生们羞愧地低下头。第一回合，初战告捷！

第二阶段——深入虎穴，一举歼灭

处在科技发达的现代社会，手机的愈发先进、网络的逐渐畅通、自媒体的无门槛登录、青少年的好奇心爆棚等等不稳定因素，都有可能成为孩子们学习路上的拦路虎。放学之后的他们像脱缰的野马，离开老师的监管不知道他们会不会"游戏人间"不学习；会不会半夜刷手机不睡觉。于是，王老师利用网络掩护，身披"马甲"，像一只披着羊皮的狼，悄悄地走进羊群。当然了，任何一个"刺客"都不是孤独的，哪怕是灰太狼也会有喜羊羊跟他做朋友。一个班级总会有那么几只善良的"小绵羊"愿意把他的微信和QQ账号借给班主任这只更加善良的"狼"，甚至是把"狼外婆"的小号拉进他们"羊"的各种群。于是王老师成功捕获了一批不听话的"小羊"，并用他们的"犯罪证据"——聊天记录和游戏截屏要挟他们"戴罪立功""将功补过"。第二回合，完胜！

第三阶段——拉拢同盟，并肩作战

如今每次家长会都有家长发出感慨："老师，您真是比我还了解我孩子啊。"面对这样的评价王老师是感到自豪的。然而，刚刚组建班级时，她是没有这么自信的。她苦思冥想，怎样才能掌握一手的消息呢？孩子们古灵精怪，也各不相同。于是，她开始频繁地与不同的家长一对一沟通。"结盟"建立统一战线的同时挖掘出那些能助其埋伏在敌军中的"间谍"。期末考试前，王老师的"间谍们"纷纷给她传递消息，"敌人"的各种"作战计划"和"备战状态"在王老师面前犹如透明。谁准备在考试中"放水"，谁打算"潜水"，谁"备战"懈怠而谁"亢奋过头"容易遭遇"滑铁卢"，王老师掌握了一级"机

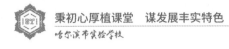

密",并有计划地对"敌方"的"阴谋诡计"予以逐个击破,学生大呼"天啊,老师你是咋知道的啊!"第三回合,不战而屈人之兵!

教育不应该是冰冷的而应该是有温度的,教育也不应是墨守成规而应该是机动灵活的。面对孩子们的调皮捣蛋"不玩活",面对家长们的忙碌无力配合,作为班主任必须要有一些致胜的法宝,掌握一定的管理妙招,再佐以爱心、细心和耐心,相信,再调皮的学生也一定能受到感化。教育不是单枪匹马地逞勇夫之莽,而是持之以恒的智慧体现和并肩作战。在经历一次次的误解和"冷战",又一次次地完美完成"破冰之旅",王老师和孩子们终于一起破茧成蝶。

个人简介

教梦迪

中共党员，二级教师，哈尔滨市实验学校小学部班主任。曾获哈尔滨市"烛光杯"微课大赛一等奖，市级征文大赛优秀指导教师。

抓住沟通契机，让家校沟通更有温度

现代教育的飞速发展正在改变人们的工作方式，也在逐渐改变人们的思维方式，但每个人对待工作的热情不曾减少一分一毫。特殊时期，教师与学生隔空相聚，要想对每个孩子做到心中有数，了解他们的居家学习情况，最好的途径便是有效的家校沟通。为此，教梦迪老师结合学校的相关要求和班级内孩子的实际情况，在不断摸索中有序开展家访工作。

一、定期微信家访，了解学生常态

根据孩子们的不同情况，总结近一周学生学习的表现，来确定家访对象。结合孩子的自身情况，教老师会向家长提出有针对性的建议，对孩子寄予厚望。表扬是任何时候都有效的鼓励方式，学生如此，家长亦如此。尤其学生居家学习过程中，家长扮演着多重角色，难免会有焦虑、烦躁等情绪上的波动。因此，向他们了解孩子的情况时，教老师不忘给家长打气，表达对家长的理解与关心。

二、追踪复工家庭，关注复工子女

班级内有一名孩子的父母从事医药工作。平日里，孩子妈妈工作特别忙，还要照顾孩子的学习。每次跟家长沟通，言语间都能感受到她的压力。为此，教老师将这个孩子作为重点关注对象，尽其所能为他的学习提供一些便利。孩子拼音不好，教老师把手中的文档练习发给他；生字写得不标准，教老师把电子版的描红发给他。每次家长把作业发给教老师，她都会第一时间批阅。孩子有进步，教老师会毫不吝啬地给予表扬；偶尔出现小问题，她也会耐心地加以指导。教老师不知道这么做能否保证孩子的成绩有明显提高，能否帮助家长减轻一些焦虑。但她想以这样的方式告诉家长和孩子：虽然不在孩子身边，但教育学生的路上，老师一直都在！

三、把握沟通契机，静待冰花绽放

教学期间，教老师在朋友圈中看到一位家长发布的文字消息："今天，我把她给打了。她哭了，我也哭了。"家长口中的她正是她的女儿，教老师的学生。当天下午，教老师就联系了家长，借着了解孩子近期情况的理由有意与她谈心。教老师劝解她要注意自己的情绪，如果孩子学习上遇到什么问题，及时与老师联系。沟通后，家长的心情有所好转，也意识到自己的言行有不妥之处。

一个人可以走得很快，一群人可以走得更远。整个学年在校领导的关怀下，相互扶持，共同进步。一个班级也是一个大家庭，因为学生这一纽带，老师和家长紧密相连。教老师想告诉家长们，最初的诺言她没有忘：今后，她如何对待自己的孩子，就依然会如何对待你们的孩子。

硝烟终会散，沟通无止境。愿在这段难忘的日子里，家校互信的沟通中，孩子们能健康成长，不负好时光！

个人简介

李冬梅

二级教师，现任哈尔滨实验学校小学部综合实践教师，兼任致远书院干事。曾获松北区2020年第十届"创优杯"课堂教学大赛一等奖。

在实践中体验生活　在劳动中收获技能

劳动教育是全面贯彻党的教育方针的基本要求，是实施素质教育的重要内容。在此基础上，哈尔滨市实验学校组织了学科共融德育活动实践课，学生在教师指导下真实体验生活、主动参与生活、创造生活，在学科学习中渗透劳动教育。

此次课程将科学学科"观察植物"、道德与法治学科"试种一粒籽"单元课、国学学科"揠苗助长"和数学统计与图形知识梳理成一堂具有动手实践性、持续性和充满人文精神的德育实践活动课程。通过尝试种牵牛花种子，学生在两个月的时间里了解植物的生长过程，激发学生观察植物的兴趣，旨在培养学生在日常活动、问题解决、适应挑战等方面所形成的实践能力、创新意识和行为表现，以及产生热爱大自然、爱护生物的情感。

实验学校属于新建校，很多空地没有绿色植物，在此次德育实践活动课的指引下，将空地利用起来交给二学年各班开设共融课程之种植课。此次课程伊始，十一位班主任教师带领学生学习数学统计和图形知识，实地测量空地面积并平均分配给每个班，为种植课打好场地基础。接着由五位科任教师教授"观察植物""试种一粒籽"和"揠苗助长"三课，选择牵牛花作为本次种植对象，贴近学生生活。"观察植物"和"试种一粒籽"两课讲授牵牛花相关知识，课后根据课堂知识试做植物成长日记，培养学生实践操作能力，为后续课程的开展做好铺垫。针对小学生注意力不稳定、不持久、韧性差、什么事都想争第一、想要赢别人、证明自己厉害等心理特点和认知规律，五位科任教师继续讲授了国学课"揠苗助长"。叮嘱同学们在除草和观察植物生长的过程中不要心急，要顺应自然规律。种植课程开设时间跨度比较长，春夏两季都要持续观察植物的生长，从种子入土到萌芽、生长要及时做好记录，非常考验学生的耐心、对植物生长的信心和照顾植物的责任感。在课程进行中，会有种子不萌芽、长到中途藤蔓枯死等情况发生，教师还要进行鼓励教育，增强学生的抗挫折能力。

　　课程实施过程中科任教师讲解注意事项。第一是安全方面，春季播种时选择儿童版的种植工具，避免危险发生；夏季除草时为了预防中毒和过敏，请同学们务必戴手套；第二是如何分辨牵牛花藤和杂草。通过观看视频、图片和听教师的讲解，同学们了解了牵牛花叶子的形状——叶宽卵形、心形、中裂片长圆形或三角形，叶面或疏或密被微硬的柔毛。在明确了牵牛花藤的特征后，同学们把课堂上学习的内容付诸实践，以班级为单位，在负责区域进行了除草实践课。整个课堂井然有序，师生配合默契，在除草的同时不仅懂得了维护校园环境的重要性，更增进了两个对口班级学生之间的情谊；第三是学生制作春夏两季的植物成长日志。通过拍摄照片、视频、文字等记录植物的生长期及特点，记述自己的心路历程，作为结课作品。最后，每个班级轮流看护牵牛花，做到对生命负责。

　　教育不仅仅在于课本，更在于生活中的点点滴滴。通过此次德育活动实践课的开展，学生懂得了真正美好的生活，靠劳动来创造。

个人简介

刘雪瑶

中共党员，二级教师，现任哈尔滨市实验学校小学部道德与法治课教师。2016年执教的"等量关系"一课荣获国家优秀课二等奖。

红领巾广播伴左右　校园生活多丰富

一、思想引领

秉承哈尔滨市实验学校"丰实生命　创验未来"的校本价值观，结合各级共青团、教育局、少工委相关文件要求及上级有关部门的工作精神，哈尔滨市实验学校少先队委员会将培养学生核心素养，提升内涵发展作为主线，利用校园广播的方式，促进校园文化建设，提升紫冰花少年思想道德品质。

二、实施方式

"校园直通车"红领巾广播站根据不同节日和特殊日期设计广播的主题和内容。每周一早晨，由校少先队委员会委员主持，配以相关的音乐和介绍，对全校师生进行宣传广播，形式新颖，教育性极强。

三、预期效果

"校园直通车"红领巾广播站为紫冰花少年拓展视野、增长见识搭建了平台，紫冰花少年的校园生活也变得丰富多彩。红领巾广播站展现了校园新风尚，更是校园文化传播的重要渠道。

四、详细内容

(一) 拥抱春天　播种绿色

3月12日是我国的植树节，实验学校要有爱林造林的热情，有保护家园的意识，让绿色成为孩子们眼中最美的色彩。通过广播鼓励孩子们做有责任担当的紫冰花少年。

(二) 神奇气象　关爱环境

3月23日世界气象日的到来，提醒着人类生活和气象变换的密切关系。人们可以通过天气预报来提前了解天气的变化。表示天气的图像和标志，既简单又有趣，通过它就能够了解气象的变换。广播员的精彩讲解，使紫冰花少年们意识到要关注天气变化，关爱自然环境。

(三) 珍爱地球　和谐共生

地球，是人类唯一的家园。而过度开采自然资源，却让地球承受着痛苦和伤害。4月22日世界地球日的到来，提醒着人们要爱护地球家园。紫冰花少年们要立刻行动起来，从身边做起，从小事做起，珍爱地球，保护地球母亲，争做环保小卫士。

(四) 致敬护士　携手战疫

国际护士节是为纪念现代护理学科的创始人弗洛伦斯·南丁格尔于1912年设立的节日。护士是医生的帮手，是患者的朋友，更是病魔的克星，他们用自己的爱描绘生命的意义。2020年5月12日，是第109个国际护士节，全体紫冰花少年在这特殊的日子向白衣天使致敬。

(五) 博物馆日　多元包容

2020年5月18日，是第44个国际博物馆日。在参观博物馆时，人们能够回望过去，了解历史的传奇。哈尔滨约有20个博物馆，相信通过广播员的精彩讲解，紫冰花少年们都迫不及待想去亲自体验一下。

"校园直通车"红领巾广播站是哈尔滨市实验学校宣传工作的一个重要窗口,是对学生进行德育教育的一块重要阵地,也是加强校园文化建设的一项重要工作。红领巾广播站将一直坚持积极宣传校园文化,营造优质的校园氛围,成为实验校园文化氛围的有效载体。校少先队委员会以实为实的作风,将会给更多的紫冰花少年带来精神上的帮助和引领。

个人简介

王宇凡

中共党员。曾获得哈尔滨市"烛光杯"数学课堂教学大赛特等奖,哈尔滨市冰城最美中队辅导员。

"改变"你其实就是改变我自己

王宇凡老师班上的小李同学是学年里出了名的淘气包,从入学第一天王老师就发现他的与众不同。同学们双手平放坐姿端正,可是他偏偏把手放在下面;同学们在认真上课,他在满地爬、向同学们做鬼脸,甚至在和同学们一起玩的时候对同学们吐口水……看到这些,王老师气得攥紧拳头。但是每天中午看到他帮老师捏肩膀的样子,王老师攥紧的拳头又松开了。她觉察到小李其实是个很善良的孩子,所以王老师做出了一个决定——要改变他!

之初,王老师严格要求他、约束他,例如上课不能随地乱爬、不可以没有礼貌、不可以对同学吐口水等等一系列"不可以"的要求。在王老师和家长的严控下,刚开始的一段时间非常有效果,就在王老师和小李妈妈"沾沾自喜"的时候,事情出现了转变。一周后,小李表现出了逆反的行为。他开始反抗王老师的命令,甚至有意地在课堂上捣乱、脱袜子、说脏话、吓唬同学……看着他的成绩下降、同学关系渐渐恶劣,王老师十分着急。她开始反思,是不是教育方式出现了问题。

慢慢地,王老师开始观察他、走近他。聊天的时候发现,他对于很多事情都不明白,不知道为什么上课要端正坐好,不懂为什么同学们不喜欢他,甚至他认为"拍打"同学是和别人玩的一种表现。王老师和家长沟通一番后也证实了自己的猜想。小李小时候跟老人一起生活,和小朋友玩的时间很少,自然不会与小朋友进行沟通。老人还非常溺爱孩子,使得小李在幼儿园里也经常是被老师批评的同学。了解这些之后,王老师便开始对小李实施"温柔攻势"。

温柔攻势一:正面教育、不贴标签

所谓正面教育,就是让学生有诉说的权利,老师要主动倾听,让学生有归属感和价值感。以互相尊重为前提采取和善的方法教育孩子。其次,忽视学生做得不好的地方,做得好的方面在全班同学面前无限放大,帮助学生树立正面形象。

每天王老师让小李帮她做一些小事,例如擦黑板、扫地、送材料,帮同学们摆桌椅、倒垃圾等,让他在劳动中找到自我存在感。在全班同学面前用正面的、积极的语言去评价小李,帮他树立自信心。让他感受到被表扬的乐趣,让他知道做什么样的事会得到表扬,引领他走向正确的道路。

温柔攻势二:树立自信、换位思考

有的时候,孩子淘气并不是因为他真的想做一些调皮的事情,而是他想在老师和同学面前刷存在感。这归根到底就是没有自信心的缘故,自信心一方面是学生自己树立,另一方面是同伴关系的间接树立。作为老师能帮助他的,就是同伴关系的间接树立。

每次上课时,只要小李举手王老师就会让他发言,每当他有一些精彩的回答时,王老师都会在全班面前及时表扬他,并且带领同学们一起为他鼓掌、喝彩。久而久之,同学们都会在小李回答后给予他鼓励的掌声。就这样小李的自信心慢慢地被树立起来了。

对于小李爱动手的这个问题,王老师跟小李设身处地地聊过。她用小李常用的"拍打"方式去和他沟通，小李对王老师说："老师，您怎么总是'拍'我呢？""为什么我不能'拍'你呢？"王老师反问道。"这样我不舒服，我不想让别人这样'拍'我。""那你想想，你对同学做这个动作的时候，同学会喜欢吗？"从那次聊天后，小李对同学们类似不友善、不文明的动作慢慢减少，越来越多的同学开始接受小李了。这种教育方法虽然一时之间见效慢，但是实际上对于孩子的变化是有着深远的影响的，就连孩子妈妈也说，小李在家里变得有礼貌了。

温柔攻势三：用心沟通、静待成长

"小李的心理发育缓慢，要比同龄人的心理年龄小好几岁。"这是后来小李妈妈告诉王老师的。听到这句话，王老师十分庆幸，庆幸及时对小李改变了教育方法，庆幸给他足够的时间让他成长。

对待孩子如果一味地用传统方法"模化式"教育去育人，那每一个孩子的天性、天分都将被压制、被禁锢。用真心去对待学生，与学生平等地交流，给孩子成长的时间放手让孩子成长。

在王老师和小李"相爱相杀"的这三年里，王老师不仅看到了小李的变化，更是看到了自己的变化。其实在这改变当中最受益的就是学生。一颗种子会长成什么样子，就看施肥者去如何呵护、如何处理。

王老师愿意继续用这样的教育方法去面对身边的每一位学生，接受每一个学生，守护他们的成长！更愿意用一颗平常心，做孩子的知心人；用爱心呼唤爱心，用童心读懂童心！

个人简介

吴楠楠

现任哈尔滨市实验学校小学班主任、语文教师。在"至善杯"教学展示大赛中,她执教的"动物王国开大会"一课荣获一等奖。

班级"学困生"转化记

上三年级前,吴楠楠老师曾担心那些80分以下的孩子,学习会更跟不上节奏。可经过一段时间的观察,却出现了她没有预料到的状况。

以前成绩很好的灿灿和皓皓同学,连续几次提交作业不及时;数学成绩中上等的齐齐,作业写得一塌糊涂……是什么原因让这些孩子上了三年级后变成了"学困生"?

一、"云"上沟通,查找原因

(一)学生自制力较差

据了解,灿灿妈妈刚生完二胎,没有时间照顾孩子,而爸爸经常在外地出差。齐齐的爸爸长年在深圳工作,只有妈妈独自一人照顾齐齐,每天孩子自己在家完成作业,学习的自律性较弱。

(二)学生逆反心理强

皓皓生活在单亲家庭,妈妈在外地工作,孩子由奶奶照顾。皓皓有很强的逆反心理。家长也不知如何与孩子交流,掌握不好分寸。

(三)学生沉迷于电子游戏

小硕作息不规律,晚上玩手机到很晚,休息不够,上课注意力不集中。

在作业反馈时，即便是反复讲解，接下来的作业依旧是错题一堆。

上了三年级后，这些学生的学习状态困扰着吴老师。她及时和家长共谋策略，做了很大的努力。

二、家校合力，巧用方法

(一) 关注差异，分层辅导

吴老师将作业不按时交、作业质量不高、上课时经常注意力不集中的学生作为"重点观察对象"，建立一个单独的钉钉群，并给群起了一个有激励性的名字：六班学习督促群。每周六给他们"开一次小灶"，单独钉钉视频讲解答疑。吴老师经常与这些同学的家长单独沟通，实时掌握孩子的学习状态和进步情况。

(二) 建立公约，掌握方法

让家长在家为孩子制定合理的生活学习时间表，并严格按照时间表去做：养成做作业时聚精会神，学习时集中注意力的好习惯。在课堂上，吴老师要花大力气培养他们的学习习惯，哪怕耽误一点教学进度。

(三) 及时鼓励，树立信心

吴老师给学生分组、分层留作业；与家长建立单独联系，让学生和家长都感受到了吴老师对他们的关注，孩子学习劲头更足；在班级统一讲解作业时，及时表扬"学困生"的些许进步，坚定他们坚持下去的信心。

通过一段时间的家校共同努力，"学困生"的转化取得了阶段性的胜利，相信他们的未来可期！

个人简介

张文心

二级教师,哈尔滨市实验学校小学部2019级八班班主任,北岸星月刘艳丽数学名师工作室核心成员。黑龙江省德育工作优秀工作室成员。

阅读点亮生活　经典德泽生命
——哈尔滨市实验学校小学部培养学生阅读习惯工作

阅读赋予人才识与智慧,给人以信念与力量,是通向成功、走向快乐的阶梯。张文心老师特别希望她的学生这一生能交到"书"这位朋友,养成终生阅读的习惯,遇到各种状况都能与书为伴,共同跨越。

一、体会读书有益

为了激发学生课余时间热爱阅读的好习惯,张老师曾向他们讲授读书的诸多好处。她发现,学生们在读书时,领略到了书境中的美妙与欢乐。

二、激励每日阅读

在开学初,建立了"八班宝贝爱阅读"小打卡程序,同学们互相点赞、评论、分享,张老师通过语音、文字评语、五颗星评分等方式去鼓励学生。平日里,她常与学生交流他们读过的书,发朋友圈晒他们的打卡记录,并在期末给予坚持不懈的学生"读书小明星"荣誉称号。

(一)特殊表扬

"读书可以让人滤除浮躁,平静自己的内心。"这一好处浮现在张老师的脑海。因此，她抓住家长会与家长沟通的机会，设置了特殊表扬环节，表扬从加入阅读打卡班级圈起，从未间断的同学，同时分享了他们的进步与成长。其他家长听后很受启发。决心要陪伴孩子坚持阅读。会后，看到了重新加入学生的身影。同学们劲头十足，使张老师信心倍增。

(二) 晨读提醒

为了能使学生们的阅读习惯有统一的步调，张老师每日早8：10钉钉班级群发送晨读提醒，并提议同学们将当日打卡的日签分享到小组群。

(三) 口头询问

在教学课堂中，请同学们举手示意当天是否进行阅读。鼓励大家互学互进，共同坚持。

三、共学德育经典

在家访中张老师了解到，一些学生在家里不听话，不认真巩固复习，家长很苦恼。因此，张老师想到了《弟子规》这部讲述生活行为规范的儿童启蒙经典。她想以此普及德育教育，从而提升孩子们的德育修养、智育修养，改善班级各个家庭中的亲子关系，塑造和谐的家庭氛围。

从此，每日课前两分钟带领学生共学两句经典内容，课后鼓励学生熟读成诵，身体力行，并开展了"我来做家务"活动。活动后，孩子们习劳知感恩，很多家庭中亲子关系及家庭氛围都有所改善。张老师发现，在汲取儒家经典精华的同时，也会正确引领家长，以身示范。

四、开展读书活动

张老师带领学生开展了三次读书活动。首先，在阅读课中邀请学生做小主播分享读书心得。其次，组织学生认真聆听"世界读书日"讲座，感悟书的魅力。再次，组织学生在父母的陪伴下阅读了《一颗爸爸树》和《会说话的红绿灯》两本书。每日打开班级群，会被家长与孩子们良好的读书氛围，以及他们享受阅读的快乐所感染。

　　带领同学们的阅读之路，还在不断地实践与探索中。张老师将继续钻研培养学生阅读习惯的好方法，陪伴他们坚持阅读。愿阅读成为点亮学生生活的一盏明灯。一路前行，一路光明！

个人简介

周玉

一级教师，哈尔滨市实验学校五年四班班主任，曾获优秀班主任、优秀指导教师、科研先进个人等荣誉称号。

打造绿色班级　创验美好未来

为了培养学生的自理能力，在劳动方面周玉老师从来不吝啬对学生的肯定与表扬。班级里的孩子们劳动兴趣很高，却经常产生"你争我抢"或是责任不清的摩擦。起初，周老师会制定值日表，安排好每天每个人负责干什么。但是，这样总得看着表才能知道今天谁负责干什么。不但制表过程耗时费力，还总得需要提醒第二天值日的同学。

由于小学部的各班都已实行了蛇形串座排位法，串座的规律已经成为同学们约定俗成的默契，使得学生养成了每周自行串座的习惯——不需要座位图，他们也能清楚地知道这周自己坐哪里。于是，周老师想：值日排班有没有可能也遵循一定规律，成为同学们心照不宣的默契呢？

于是，基于蛇形串座的值日排班法应运而生了——不需要制定值日表，不需要提醒，每个同学都可以知道当天的值日生是谁，他的任务是什么，以及什么时候轮到自己值日。下面就是周老师与大家分享的这个有些特殊的值日排班法。

因为蛇形串座，班级中的四个大组按身高被分成了"大组""小组""中组""小小组"。每周孩子们都会串座，每个同学都可能坐到第一排的位置。

因而周老师规定每周坐在第一排的八个同学为值日生，值日时间为一周。结合学生的力气、身高、性格特点等因素，由"大组"的女生负责擦黑板，"中组"的女生负责擦拭墙围和门，"小组""小小组"的女生分别负责擦窗台和学生置物柜的台面。男生负责扫地和拖地："大组""中组"和"小组"的第一排男生有三个，正好一人一趟每组中间的过道，一起先扫后拖，"小小组"的男生负责倒垃圾及检查值日收尾工作。这样每个人都有明确分工，哪里卫生没做好，周老师能马上判断出谁是负责人，及时给予提醒和指导。

学生的劳动技能在"实战"中得到提升。周老师利用班会和同学们一起交流：如何使用拖布最省力，怎样晾晒抹布，卫生柜内的摆放秩序等等。在这一过程中，学生们发现了劳动中的智慧与技巧，也培养了他们的主人翁意识及责任感。

班级的卫生环境不但与学生的健康息息相关，也能体现出班级体的文明风貌。良好整洁的环境可以使班主任从繁杂的工作以及学科教育任务中保持清晰明确的头脑，学生在静心学习的过程中也能变得更加专注。从小培养的劳动意识，使学生更加独立，在实践中理解"生活即教育"的真谛。

四 | 勤细实树大美形象
　　教研改铸新区师魂

勤细实树大美形象　教研改铸新区师魂

哈尔滨市实验学校

特色工作

精英团体协作　尖端科技在握

个人简介

王珺

黑龙江省骨干教师，黑龙江学科专家团队成员，哈尔滨市英语学科骨干教师。曾获全国卓越班主任特等奖，哈尔滨市教育系统"四有"好老师，哈尔滨市教育系统"身边好老师"，哈尔滨市教育系统"最美班主任"等荣誉。

思维创新助发展　导图引领绘新章
——哈尔滨市实验学校初中部研培处专题师训

时代变革，"读图"能力是这个时代对人能力的重新定义。教育如何顺应时代的发展，如何契合时代的需要？改变！"改变"的根本源于"思维"的改变，如何帮助大脑CPU升级，思维导图就是这样一种有效的工具让人们看见思考的轨迹，通过帮助人们转变思考方式从而改变行为方式。与学生的成长同步，实验人开启了专题教师培训——走进思维导图的世界。

一、基于"问题"的思考——改变即打破

"以人为本"的教育理念注重对一个人的可持续发展能力的培养，如何

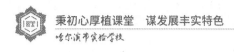

让教育教学方式符合时代的特点，适应学生的需要，迎接社会的考量，转变教育教学理念是第一步。教师如何激发学生的学习兴趣(热爱学习)？教师如何让学生学会思考(学会学习)？教师如何让孩子学会表达(学会分享)？教师的思维方式转变是首要任务，只有教师想清楚、厘明白，才有可能赋予鲜活的生命真正需要的教育。学会思维导图，运用思维导图，体现学生是课堂的主体，教师是课堂的主导，实现课程、学生、教师三者的有效融合。

二、基于"方式"的实践——打破即创新

思维导图的培训学习是老师们之前没有接触过的全新学习领域，涉及讲解、绘制、点评和交流，这些问题怎么一一处理且具有实效？

(一) 知识学习

教师通过自读东尼博赞撰写的《思维导图》，按照规定时间完成相应章节的阅读，然后梳理阅读的内容，根据对一个章节的全部理解后绘制出一张思维导图。

(二) 绘制练习

每一位参训者本着按时完成并上传且保质保量的原则，每次作业完成三项内容：

1.简笔画练习——意义在于训练参训者对于自我的突破和内在自我的寻找。一个人画画的能力是与生俱来的，而随着成长逐步被限制，逐渐慢慢失去的一种能力。

2.线条练习——意义在于训练参训者对色彩的感知(涉及色彩心理学知识)，更是对空间感把握的练笔的最好方式。思维导图涉及空间布局的考虑，这样的训练是整体应用前很好的局部训练。

3.阅读练习——意义在于参训者对于阅读内容的归纳梳理和逻辑层次的处理考量。绘制思维导图对关键词的提取是十分重视的，如何体现"去芜存菁"是一个人学会思考的重要体现。

(三)作业点评

一张好的思维导图要充分体现思维含量同时兼具美观性,所以一幅思维导图是艺术与技术的结合体。思维可视化,"一图胜千言"是因为它既能体现水平思考的广度,也能体现垂直思考的深度。每次收到参训者上传的思维导图,王珺老师都从绘制的角度和思考的维度两个角度进行一对一的点评。其中,绘制的角度包括:中心图、色彩、分支、小图标、书写等;思考的维度包括:逻辑、主次、归纳、提取关键词等。

(四)交流分享

参训者在每次完成作业后需要记录下绘制感悟,可以是"绘制"方面的,也可以是"认识"方面的,老师们在这片共同绘制的园地里面安静地阅读,沉静地思考,简静地表达,娴静地分享。

三、基于"效果"的反思——创新即发展

此次以"走进思维导图的世界"为主题的培训过程,让王珺老师看到受训者的积极参与和个人提升,为了保证培训的有效性和实用性,培训以"初级培训"和"高级培训"分期、分批、分层推进,这样可以保证老师学有所得,学以致用。通过师能的提升促进生能的提升,师能与生能的相互促进与共同提升实现学校整体的发展与跨越。

"改变"是唯一不变的。学习思维导图、研究思维导图、应用思维导图,实验人一直在路上!在改变中突破与创新是每一位教育人坚持学习的原动力和思考点,更是实验人实现"丰实生命 创验未来"的保障。愿思维创新助生命发展,导图引领绘实验新章!

个人简介

赵蕊

中共党员,高级教师,道德与法治学科高级教师,黑龙江省级法治骨干教师。学校人文综合教研室主任、研培处副主任、人文书院院长。

完善教师成长工程　丰实教育智慧绽放

——教师培养的三大工程

一、时代背景

随着我国教育的不断快速发展,如今教育改革进入全面深化的关键时期,基于新课标与考试制度变革下的课程体系改革、基于育人模式与信息技术应用下的课堂教学改革、基于教育均衡发展与学校章程建设下的学校制度改革、基于面向世界与国际接轨下的国际化办学改革等等。面对以上现状,实验学校特别重视教师的专业化成长,为不同层面的教师做出不同的培养计划。

二、培养目标

为了让教师能在不同的层面上发展与进步,实验学校把教师的专业发展划分为"入门、胜任、成熟、骨干、名师"等五个阶段,并据此规划三个子工程,即把"入门教师"培养成为"胜任教师"的"青蓝工程";把"成熟教师"培养成为"骨干教师"的"致远工程";把"骨干教师"培养成"名优教师"的"至善工程"。青蓝工程、致远工程均有成长记录袋,至善工程工作室有记录册,使教师专业发展走向自主化、走向个性化、走向创新化。

三、具体方案

(一) 青蓝工程

大学应届毕业生、教龄在3年以下(不包括从事非本专业、非基础教育的教龄)的新入职全科教师。

通过三年培养。在师风师德方面,该教师要具有正确的教育观、优良的思想政治素养。积极遵守学校相关的规章制度。在教育教学方面,在本学科领域具有较扎实的理论基础和专业知识,对本专业教材有一轮的基本认知掌握。教学效果良好。对义务教育阶段不同年龄的学生有不同的认知与了解。在科研方面,达到可以撰写教育论文的水平。

(二) 致远工程

在胜任教师中,选取比较优秀的、教龄在3年以上的优秀各学科教师。

通过三年培养。在师风师德方面,该教师要具有正确的教育观、优秀的思想政治素养。在积极遵守学校相关的规章制度的基础上,有能力为学校发展建言献策。在教育教学方面,在本学科领域具有较为深厚的理论基础和专业知识,对本专业教材有一定的自我见解和重组能力。在各级赛课中能斩获奖项,开展学术讲座,教学效果优秀。对家长和学生都有比较深入的认知与了解,在科研方面,是课题的主要参与者。致远工程是培养骨干教师和学科带头人而实施的重要人才培养工程。

(三) 至善工程

在骨干教师中,通过自愿报名、筛选等形式选取优秀骨干教师,教龄在5年以上的优秀各学科教师。

通过个人、学校、相关部门搭建各种名师培养平台。在师风师德方面,具有高思想政治素养。能为学校的发展建设出谋划策。在教育教学方面,在本学科领域具有专家学者的研究能力。在科研方面,是市级以上的课题主持

人。至善工程是培养名师的重要工程。目前,实验学校成立了九大名师工作室,分别是北岸星月刘艳丽数学名师工作室、润初战春梅班主任名师工作室、成思王珺思维可视化研究工作室、精一刘翠语文名师工作室、闻道刘元梅语文名师工作室、源易曲坤数学名师工作室、新区俄语邵彤宇名师工作室、传承孙冠英艺术工作室、律动生命王彦文体育名师工作室。

教师是学校的生长力、生力军。为了让不同层面的教师都能有所成长。通过三大工程的建设,让教师们都能寻找到各自的成长样态。发挥教师最大的优势、挖掘最大的潜质,以最优的方式发展起来。

个人简介

王大林

哈尔滨市实验学校心理健康专职教师，国家二级心理咨询师，中级社会工作师，沙盘游戏治疗师。

科研逐梦结硕果　求善求真同精进

作为学校科研培训部的一名干事，这学期以来，王大林老师积极投入到学校的课题研究。回顾其研究之路，感觉既充实又有实效。在问题中发现，在发现中研究，在研究中成长，王老师将点滴体会分享如下：

一、以小见大，细处见实，用心做课题

为了更有针对性和时效性地提高教学质量，促进科研工作稳步进行，在课题负责人的带领下，王老师开始逐渐深入课题研究领域。从看热闹到进门道其实也是一个艰辛的过程，一个小的概念的模糊不清，就会影响整个课题研究框架。因此每一个概念的界定老师们都会经过不断地深入调查研究，多次交流探讨，在实践中不断修正，使得思路渐渐清晰。作为新教师，在此之前没有系统深入地做过课题，缺乏经验，所以在研究过程中走了不少弯路，这是一个充满艰辛与茫然的过程。从最初的无所适从到欣然接受，从消极被动到勇于承担，正所谓态度决定结果，做好课题中的每一细微之处，都需要扎实的功底，王老师发现这恰是一个最真实的优化成长过程。对于老师来说，正常的教学及各项教育工作已经应接不暇了，还要再用心做好课题并非易事，由于需要多方面专业理论知识，在做科研课题的前期，需要花费大量的时间阅读教育前沿的相关书籍资料上，以补充专业知识上的不足，王老师经常在繁忙的工作之余加班加点地查资料，以便找到更好更有说服力的观点。如果不去用心做是无法深入地理解课题的主旨，更无法做到有效有质。

二、摆好位置，沟通配合，强团队合作

一滴水只有放进大海才不干涸，一个人只有融入集体才能更优秀。课题研究成员各自的工作量都不轻松，平时下班的时候他们还会依靠电话、微信、腾讯会议、钉钉等软件进行沟通联系。如果没有一个齐心协力的团队，很难开展工作。从一开始便千头万绪的课题研究过程中，王老师真实感受到了团队的力量，在负责人的精心安排下，老师们各自负责自己的分工，又互相配合，互相沟通与交流。在交流会上，组员的观点经常会被否定甚至被推翻，一个交流会下来，工作还是原地踏步甚至倒退的现象时常发生，所以老师们经常觉得很受挫折，也很茫然，但值得庆幸的是，他们并没有因此而放弃，正是靠在这样的研究氛围中不断地修正观点与思路，最终得以进步。在研究中相互交流，研讨中提升自我，王老师在团队的合作中，学会了摆好自己的位置，感受到了团体合作的重要性，整体是大于部分之和的，这使王老师在以后的日常学习工作中受益匪浅。

三、积极参与，受益良多，收获新成长

进行课题研究的过程中，王老师个人的收获成长是最大的。平时不管多忙多累，他总是认真及时完成课题组布置的各项研究任务。尤其是针对其中的问题研究，他总是进行深入地学习与思考，了解到最新最切合实际的知识。积极参与，勇于实践的过程中，王老师掌握了一些科学的方法，比如什么是质性研究，什么是定量研究，如何将教育研究具体量化等；在整理资料过程中，王老师学到了很多科研方法，如文献研究法、实证研究法、数量研究法等；

同时在课题研究过程中,王老师提高了在教学上的能力,改善了教学方法,拓宽了教学思路,细化了教学构思,同样也使得他更加乐于去深入地了解学生。路漫漫其修远兮,吾将上下而求索。

科研工作之路可能还会有诸多的困难和挑战,但不会阻断前进的脚步。今后的教育教学工作还很艰巨,但王老师坚信,有校领导的关心和支持,在课改探索下的成果借鉴,有教育教学工作者的真心付出,老师们定会拥抱一个又一个灿烂的科研春天。

秉初心厚植课堂　谋发展丰实特色

研培故事

教研相辅育桃李　教学互促飘墨香

个人简介

王福鹤

中共党员，二级教师，专业八级，现担任哈尔滨市实验学校九年级俄语教师，教务处、外联处干事，新区俄语邵彤宇名师工作室核心成员。

破茧成蝶的美丽

成长既有破茧时的努力与付出，也有成蝶时的骄傲与自豪。在学生如此，为教师亦然。

"十年树木，百年树人"，2018年，踏上三尺讲台意味着踏上了艰巨而漫长的"育人之旅"，迎来了一个全新而又艰巨的挑战，进行了一场自我蜕变。面对挑战王福鹤老师迎难而上，毫无教学经验的她注定这一路摸索前行，但她内心的目标只有一个，那就是教师的成长要快于学生的成长。这期间，有彻夜的研究，有精心的准备，有学科组同伴间无私的相互扶持，更有学校的运筹帷幄、精心培养，正是因为有了这些才让王老师逐渐由陌生到熟悉，由紧张到从容。

一、探索中跟进　合作中成长

"随时准备上课！"看到这则通知时，王老师既期待又倍感责任重大。学校有条不紊地对新教师进行培训，对教学及突发问题的处理进行了安排和讲解。一次次的培训、研磨、试讲终于让她越来越得心应手，也越来越适应这三尺讲台。这，是王老师的第一颗定心丸。

由于俄语学科教育资源匮乏，在这一关键时期，邵彤宇主任带领新区俄语教育集群所有教师群策群力，整合优化教育教学资源，未雨绸缪，砥志研思，共同探讨上课方式方法，小组内反复操作试讲，一次次发现不足，一次次完善，在短时间内整合优化上课所需要的网络资源，下载和制作电子教材，实现教学资源共享。这，是王老师的第二颗定心丸。

二、"战斗"中挺进　实践中"拔节"

师者，传道、授业、解惑也。为使教学工作顺利进行，也为了给家长和学生们带来安全感，老师们枕戈待旦。课堂达到最佳效果是所有老师追求的目标，组内教师授课灵活多变，共交流、齐分享，让王老师获益匪浅。

"孩子们，你们为什么选择学习俄语？""我想多学一门外语！我想去俄罗斯留学！"回答声中听到了他们些许的兴奋和期待。这一节课学生们展现了不一样的积极与热情，教学初见成效。课后，王老师也一样迫不及待批改着他们提交的每一份认真准备的作业，字里行间透露出学生们对学习的热爱与对知识的渴求，这一刻，王老师看到了与孩子们破茧的努力与付出，更要小心翼翼地保护他们的这份热情。

三、"战后"做梳理　体悟再完善

转眼间，三年过去，一切就绪后，王老师享受曾经路上收获的喜悦和成长，也在思考未来的路怎么走得更好！培训的滋养，组长的指引，同伴的互助让她迅速在教学中成长起来,也让她对自己的职业有了新的认识。在教师这条道路上总应该做到不断学习,积蓄力量,做一个成长型教师,努力使每一天都有一点变化、一点成长,把这种信念植入、内化,然后再转化成无尽的力量去陪伴孩子们成长。

  花从春走过,留下缕缕花香;叶从夏走过,留下片片荫凉。每一节完美的课堂,都留下了战斗的痕迹,老师们在自己的岗位上奋斗过,在自己的战场上拼搏过,育人路上,共同守护花开。

个人简介

商达

中共党员，担任2019届学生语文教师，撰写论文被评为黑龙江省教育学会第三十九次科研论文一等奖。

谨记使命，静待花开

水晶帘动微风起，满架蔷薇一院香。蓦然间，杨花榆荚，柳絮飘飞，我们迎来了炎炎的季夏。实验全体教师不忘使命，同心至力，潜心致学，沥心笃教。

在实验学校教务处的精心安排下，每周三晚七点是我们不见不散的约定，每周都会有优秀的教师为我们分享他们的授课经验，有新科技融入带来的趣味课堂，有潜心教学笃定深思带来的精神影响，而使我的教学方式发生转变便源于其中一次培训。

一、"问渠那得清如许？为有源头活水来。"

记得那是第一次举办培训活动，语文教研组刘翠主任为全体实验人进行了业务素质及品德素养的培训。不知道为什么，听培训的过程中商老师既钦佩又自豪，可能是因为刘主任平时对老师们语重心长的教导，可能是因为刘主任人格的力量，也可能仅仅是因为商老师是刘主任的"兵"。

在培训上，刘翠主任对教育教学的内涵做了较为深刻的剖析，正如她平时经常要求老师们必须要具备较高的政治素质和业务素质。刘翠主任的教学经历和对教育的执着追求，给了商老师很大的鼓舞，让她懂得什么是教育，

怎样才能教出优秀的学生,让她懂得"没有爱就没有教育"这一深刻道理。

二、"纸上得来终觉浅,绝知此事要躬行。"

还记得上学期的一段时间,商老师的班级有几个语文"学困生"不爱动笔写字,语文考试作文经常以零分示人,于是商老师便跟刘翠主任讨教。"要让孩子们从心里上爱上语文,喜欢你这个老师,产生兴趣了,什么都好办了。"于是商老师接下来便从如何提高学生学习自主性上下功夫,言语鼓励、作业奖惩、小组合作……经过一段时间的努力,班级里那几个调皮的学生竟然在考试前拍拍小胸脯讲义气对她说:"放心吧老师,这次看我的,绝对没问题。"从那一刻起,商老师觉得自己的办法应该奏效了。

三、"下年再有新生者,十丈龙孙绕凤池。"

在商老师秉承着"爱的教育"这一理念执教时仍然发生了小插曲。有一次,商老师在语文课上维持秩序,随后听到呜呜的哭泣声,一个学生坐在那里大喊:"不公平,凭什么你不说他们只说我呢?"随后止不住地愤怒大哭。商老师瞬间语塞,一面对孩子的蛮横无理感到惊讶,一面对他的情绪失控表示无奈。当时全班40双眼睛齐刷刷盯着她,商老师觉得所谓的教师尊严就在刚刚的一瞬间被这个孩子彻底击溃。她冷静了一下,随后对全班同学平静地说:"这个问题下课解决,我们继续上课。"下课后,她带着这个孩子到走廊角落,此时已经连着上了四节课的她仍然耐心地弯下腰,耐心地看着孩子。可这个孩子却什么都没说,扭头就走了。此时隆冬的食堂已经过了午饭时间,空荡荡的走廊只剩下商老师落寞的身影,窗外的冷风瑟瑟地吹着光秃秃的枝桠,但令她更感冰凉的是这个孩子的内心。在此后的一段日子,商老师没有放弃,她从班主任家长那里得知,孩子患有罕见病症,有着再也长不高的身躯,听到这商老师的内心瞬间像被针刺了一下,这种情况对孩子幼小的心灵无疑是莫大的摧残,于是她对这个孩子有了更多的关注和鼓励。尽管这个孩子比一般学生都调皮捣蛋,但是商老师都是真诚地、平等地帮助他进步。课堂鼓励,课后谈心,每次作业和周记后面鼓励的话语都在慢慢温暖这个孩子幼小敏感的内心。慢慢地,作业课和阅读课有了这个孩子高高举起的小手。后来得知,孩子的学习基础甚是薄弱,但是语文却成为了他最爱的学科,商老师也成为了他最爱的老师。

善始者实繁,克终者盖寡。培训的时间很短,人生的路却很长。人生不止,学亦不止。教育有一种悄无声息但能薪火相传的力量,它感染着全体年轻教师一步一个脚印努力认真地前行。教育的康庄大道甚是漫长,实验学校全体老师会响应号召,在教育战线上敢冲锋,永不退缩!

秉初心厚植课堂　谋发展丰实特色
哈尔滨市实验学校

个人简介

张明

中共党员，一级教师，哈尔滨市实验学校生物学科教师。黑龙江省教育科学规划重点课题。

想到就去行动，教育才会灵动

实验学校极其重视教师的学习与成长，每周三都会进行"至善有约"的教师集中培训。起初有些老师担心这只会是徒增教师负担的形式主义。但事实证明，担忧是多余的。在整个培训的过程中，张明老师感受到，自己既是受益者也是参与者。

一、收获深切感悟

得益于"至善有约"，张老师对于希沃白板5等教学软件有了全新的认识。第一次听说该软件，是在张丽娟老师一节特别生动的生物实验课上。随后，张老师也曾尝试利用希沃白板5软件制作课件。但很惭愧，因为没有勇气打破应用传统PPT课件带来的"便捷"，她从未真正在课堂上应用过希沃白板5软件。渐渐地，她甚至把这款软件完全淡忘了。当在"至善有约"中，聆听到该软件的诸多应用技巧时，不禁倍感遗憾。张老师想，倘若初见这款软件时，便能积极应用，关于教学设计，或许她会迸发出更多好的想法。

于是，在随后的教学中，她尝试应用希沃白板5进行授课。她努力挖掘并利用该软件中蒙层、趣味分类、分组竞赛、板中板、录制胶囊等教学小工具。

应用一段时间后发现，学生课堂参与度明显有改善，授课效果也比以往好了很多。这令张老师深深地领悟到，当发现好的想法或优质资源时，应该立即付诸行动去尝试。越是实践遭遇瓶颈时，越要努力排除万难、坚持到底。如此才有机会去邂逅灵动的教育、精彩的课堂。

二、分享点滴心得

在一次"至善有约"中，张老师作为生物教师代表与实验家人们分享生物学科结业复习心得。这一经历使她有幸站在一个参与者的角度，领悟培训给予发言教师的启发。刚开始，她认为分享就是单纯地把其所做所思讲述出来。在经历了赵蕊主任反复指导、不断修改文稿、磨合排练的整个筹备过程之后，张老师提炼出针对"如何编辑试题、如何防止作弊考试、如何质量分析精准帮辅、如何实现班任和科任精诚合作"四个方面最接地气的复习技巧进行分享。也正是这个过程，张老师意识到，一次真正有内容、有成效的培训，不该是发言者自顾自地赘述自己的成绩，而应该是发言者站在听者的角度，本着让听者有所收获的初衷，去阐述有益于听者解决类似教学问题的妙招。

这使张老师不由地联想到，课堂教学不也正是需要这样吗？老师们要更多地去思考学生有哪些亟待解决的疑问，更深地去研究学生希望获得怎样的指导。若站在学生的角度去思考教学，用实际行动突破"唯师独尊"的教学模式，那么，设计出来的课堂必然是受学生欢迎的。教师与学生的彼此成就，自然也是水到渠成的。

感恩"至善有约"。张老师很感谢在"至善有约"每一次培训活动中默默付出的每一位实验家人，让她收获了如此之多。她愿将通过参加培训汲取到的收获和感悟，更多的应用到实际教学中。她愿做一个勇于实践并能坚持到底的行动派，努力创设灵动的课堂。

个人简介

陈晓宇

中共党员,二级教师,现任哈尔滨市实验学校小学班主任,语文教师。哈尔滨市优秀指导教师,课例展示多次获奖。

深稽博考　育人育己

华东师大博士生导师叶澜教授曾说:"没有教师的生命质量的提升,就很难有高的教育质量;没有教师的精神解放,就没有学生的精神解放;没有教师的主动发展,就很难有学生的主动发展;没有教师的教育创造,就很难有学生的创造精神。"教育科研是改革教育,提高教育质量的最大生产力。实验学校开展的"九年一贯制学校基于家校合作的非独生子女教育的心理机制与现状研究"的省教研专项课题研究,陈晓宇老师作为课题研究小组的一员,回顾研究之路,充实且高效。

一、课题研究意义

随着我国计划生育政策的不断完善,非独生子女家庭开始逐渐增多。为了更全面地了解这类家庭教育现状及心理机制,从而寻求更好的方法与路径,帮助这类家庭做好家庭教育,使学校教育与家庭教育有更好的切入点、融合点、生长点,实现家庭教育的优质育人模式。

二、深稽博考　群策群力

关于非独生子女家庭教育,心理学家阿德勒早在20世纪初就有研究。

在我国，陶国泰教授就"对独生子女和非独生子女的心理机制特点比较"进行了研究。在实验学校，由郝校主持、十位成员教师组成的课题研究小组，希望通过研究、探讨，寻求一条优质的家庭教育之路。

2020年4月，小组成立并深入开展关于"九年一贯制学校基于家校合作的非独生子女教育的心理机制与现状研究"这一课题的研究。小组成立伊始，在主持人郝校的引领下，赵蕊主任和唐亚琴主任为小组成员明确分工，各司其职，确保工作高效顺利地完成。悉心指导，耐心帮扶，让这外人看似简单，实际需要大量精力和心血才能完成的工作变得有效率，更有温度。从刚开始的概念模糊，经过大量的文献阅读、不断地深入研究、多次地交流探讨，老师们的思路也愈见清晰，就这样在实践中不断修正。

这是一个心齐且力坚的团队！在不能如期相见的日子里，在一次次的网络会议中，老师们不断地提出观点，互相沟通交流，有的时候一个观点会被否定甚至是推翻，一番交流下来，思路碰撞了，茫然也出现了。好在这个研究团队正是在这样的氛围下，最终得以进步，也更是因为疫情，让这一科研课题的研究变得特殊而有意义。

三、心培冰花　育人育己

一项课题的研究重在过程，而我也正是努力地经历着这一过程，体会着研究的酸甜。在本课题研究小组中，陈老师负责材料的装订和打印，乍一看这项工作简单且随意，做起来才知，小中有大，别有洞天。一项项的细则要求，纸张大小、方向、装订方式、内容和形式的反复校对……陈老师也在赵蕊主任手把手的悉心指导下，快速成长起来。

千教万教教人求真，千学万学学做真人。如果说研究的目的是为了优化家庭教育，倒不如说是为了优化学生成长路径，而作为探究者的教师，在学生的成长优化之路上也被优化着。相信在不断地探究和学习中，思维的跳跃、知识的深入、方案的解读、实施的细则等等,相信这一切都是为了更优、更高的下一步。课题研究是一个充满艰辛与茫然、辛苦与汗水的过程,而这恰好是最优化的成长之路!育人育己,并肩前行!

个人简介

刘翠

高级教师，学年主任、语文教研室主任、高级教师。黑龙江省师德先进个人、哈尔滨市初中语文学科兼职教研员、市云平台课程评审专家、市"烛光杯"大赛评委、市四有好老师、市语文学科骨干。

行远自迩覃思集备 联动研修演绎课堂

——哈尔滨市实验学校初中部语文组集备指导培训

教研组是同学科教师共同教研、沟通交流、相互切磋的重要平台。刘翠主任作为教研组领头雁，首先以全新的工作方式，在本学科发展的维度、学科教研的深度和广度、课堂授课进行的力度、教师专业水平的提升程度等方面抓起。要想达成这一目标，最重要的环节就是踏踏实实集体备课。刘主任始终认为备课不仅仅是一个教师的单个行为，更应是一个群体的行为，集思广益，博采众长，才能提升备课的质量，为授课奠定良好的基础。盘点部编版语文教材的教学之路，刘主任带领组内教师共经历了四个阶段的实践与思考，以创新开展各种形式的集体备课，做好不同学年教学实践的协调工作，从而促使教研组活动有序进行。

一、未雨绸缪，如堕烟雾——第一阶段茫然期

正式开学前，刘主任结合部编版教材双线结构的特点，提前预判教学中可能遇到的问题，在组内与老师们交流，力求让大家准备充分，在最短的时间内让课堂有内容，有思考，有实效。在鼓励大家各显其能，共同切磋的同时，

她下大力气用两周的时间听完本组所有教师的课，及时与老师们交流反馈，让老师们明确部编教材使用的注意事项。

二、统筹规划，有备而来——第二阶段探索期

这一阶段，刘主任主要是让每一位教师在心理上稳住情绪，通过加强各个学年集体备课，寻求解决问题的方法，每个学年在保证每周两次固定时间集备的前提下，都会利用微信随时进行交流研讨。在参与他们集备的过程中，刘主任根据学年授课的特点进行指导，引导他们分析学生知识点不够扎实的原因，提出制定预习策略、规范授课模式、建立预习小组等措施，各备课组再根据本学年的实际酌情实施。

三、玉汝于成，有预则立——第三阶段提升期

刘主任聘请松北区教研员刘玉宏老师驻校听课，让她给实验学校的老师进行点对点的指导，明确部编教材教学的大方向。每听完一节课，刘主任都会第一时间与授课教师交流，帮助他们学会以实效为核心进行教学，让各个层次的学生都能够跟得上，吃得透。并关注学生课堂参与度，给学生创造更多的表达机会。与此同时，刘主任深入到各学年集备中，分课型、融合信息技术2.0，采用不同方式进行教学指导。"单元复习课"——利用微课插入相关重难点知识，学生课上兴味盎然，课下反复观看学习。"综合性学习课"——运用"问卷星"制作网络调查问卷，学生们选用饼状图、柱状图进行分析，既有可表达的空间，又可综合运用所学知识查找、提取关键信息。学习成果的展示交流促进了学生的思维碰撞、经验与自评互评能力的发展。"口语交际课"——实战环节运用剪映软件将情境制作快闪视频，孩子们对于动感的音乐、滚动的屏幕十分感兴趣，纷纷举起双手参与到课堂中来。"名著导读课"——课前利用"喜马拉雅"软件发布听书链接，让学生以多种形式完成阅读；利用"问卷星"布置调查问卷，提高统计效率与反馈速度；课上播放微

课介绍著作背景,利用电子白板让学生竞赛互动,及时获得可视化结果;课后学生将感悟录制成视频,彼此互评交流。"作文指导课"——在学生完成片段仿写之前播放活动视频,为学生提供写作素材和思路。同时利用希沃白板手机传屏功能,随时拍摄学生习作,时时呈现在白板上,让学生现场圈画批注并修改,实现与学习伙伴的实时分享与协同创造。

四、砺以致刃,迎难而上——第四阶段稳定期

在老师们都有了自己的教学风格的基础上,刘主任采用深入各个备课组,组织各组内教师听课研讨,还将好的做法发到群里互相借鉴。面对长假的收心工作,老师们纷纷献计献策:充分利用好课前时间,与学生聊聊天,抑或提前进行简短口头小测试;在课堂设置吸引学生注意力环节,如六年级的课件适当插入小图片,七年级的开讲密语,八年级的当堂小测,九年级的考练讲评。由此,课堂不再套路化和固定化,更加新颖灵动。

山重水复之后自是柳暗花明,千锤万凿方显清白本色。实验学校所有语文教师定会注入更为扎实的努力,注入更为深刻的内容,同心协契,砥砺治学。业广惟勤,我们征途如歌!

秉初心厚植课堂　谋发展丰实特色

个人简介

张晓娜

中共党员，现任三年四班班主任。曾获优秀班主任、优秀指导教师等荣誉称号。

巧用信息技术，提高课堂效率

——哈尔滨市实验学校研培小妙招分享

随着信息技术2.0的不断推广和使用，教师恰当运用多媒体信息技术不但可以让教学的表现形式更加形象化、多样化，更有利于学生思维的形成，使课堂教学收到事半功倍的效果。这种优势不仅在课上有体现，对于课后辅导也非常有益。对于习惯传统课堂教学的师生来说，如何利用多媒体自由板书，让课堂生动有趣，从而提高孩子学习效率是一个值得探索的问题。张晓娜老师将"数位板与希沃白板"在教学应用中的小妙招总结如下：

一、"数位板"优化批注功能

大家知道PPT里面的画笔功能可以在页面播放时对文档进行批注，但一般用鼠标控制画笔极其不便，特别是书写文字。有了数位板就可以轻松解决这一问题。张老师在使用时通常是结合希沃白板的板中板功能。课下答疑时可以导入作业中的错题并对其进行圈画标注，必要时可在空白处进行归纳总结，与学生进行实时互动。只要是鼠标可以标注书写的地方，数位板就可以应用。

二、"希沃白板"丰富课堂教学

板书功能实现了,怎么根据实际需求设计学生可以参与其中的互动游戏呢?答案仍在希沃白板中。打开"课堂活动"功能,老师可以选择自己喜欢的模板,有"趣味分类""超级分类""选词填空""知识配对"和"分组竞争"5个模板,教师可以根据需要设置趣味分类、分组竞争、判断对错等任务,学生之间也可以进行答题比赛,这个环节可以有效调动学生学习的积极性和主动性。对于课后答疑表现非常好的同学,老师还可以奖励他一次抽奖机会,希沃白板还可以实现刮刮卡效果。在授课状态下,老师就可以通过橡皮擦功能进行开奖。除了刮刮卡还可以制作微信红包效果,这些功能都可以增加课堂趣味性。

除此以外,希沃白板还提供了其他非常实用的功能,例如丰富的数学学科工具,如几何公式、函数、数学画板等功能。适用于低年级语文教学的拼音和古诗词功能,以及可以将复杂的层次结构变成清晰的思维导图功能等。

张老师分享的只是希沃白板强大功能中的冰山一角,也是智慧课堂案例分享中的沧海一粟。这些融合科技的教学方式,让教师的教学和学习氛围越来越浓,加快了教师专业成长的速度。但不论哪种教学软件的使用,都表明实验教师在不断努力尝试并学习着。只因为心中放不下那群调皮可爱、机灵活泼的"小神兽"们,希望他们可以快乐学习,健康成长。

五 | 实验后勤守护家园
实验前行坚实后盾

> 访谈
>
> # 勠力同心护教育　时刻静待绽冰花

编者按

高阳

中共党员，高级教师，现任哈尔滨市实验学校副校长。曾获2020年度哈尔滨市十佳个人诚信之星，2018年度市级新一代创业人，2018年度全市十佳校长。

后勤无惧苦累　守护实验净土

——记哈尔滨市实验学校后勤工作

访问：后勤工作对于学校工作有着怎样的作用？

高阳：后勤工作是学校工作中重要的组成部分，围绕校园安全、常规服务、校园建设、财产管理四个方面开展工作，以落实平安校园为出发点，提升服务，逐步从配合化后勤向专业化后勤转变，我们后勤人将共同努力打造师生放心环境，创建平安校园。

访问：校园卫生、安全守卫工作是如何进行的？

高阳：我担负的是学校物业保洁、保安、打扫、消毒等校园卫生、安全的

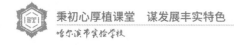

管理工作。每天监督物业保洁人员卫生清扫、消毒消杀。保障中、小学教学楼、少年宫和体育馆每一处教学楼的卫生安全。此外我们后勤部门同事也会投入到卫生清扫与教学楼消毒工作中,按科学配比方法进行调配84消毒液,待全校师生离校后,由高阳副校长带领我们进行消杀工作。有效地保障了校园卫生安全。除此之外,保安每日都需监督校门前安全守卫工作,进门前必须与相关校内领导联系,并且登记和检查,保障校园安全,做到封闭式管理。

访问: 学校的维修工作是如何进行的?

何宇龙: 学校的维修工作以"维修、监督、维护"为指导思想,定期对机电设备进行常规保养。认真做好对修理工具的使用和维护,定时巡查学校用电附属设施是否完好,确保电路设施的完好,及时对老化和存在安全隐患的用电设施进行更换改造,及时处理日常中各项报修工作。争取做到当日报、当日修、少花钱、多办事。

访谈: 校园安全方面都做了哪些工作?

徐斌: 随着区教育局安全办对于安全工作的相关文件与要求。我校的校园安全、校园周边安全、隐患排查治理、校舍安全、校车安全、防火安全、食品安全、危化品安全、防灾减灾安全、预防学生溺水安全、交通安全、扫黑除恶、安保人员管理、值班值宿等多方面都有了大跨步的提高,并多次通过文件传达上级精神,通过一件件事例,一次又一次地为我校的安全工作敲响了警钟。收到的学习培训任务,我校第一时间通过线上、线下对全体教师进行培训学习。对于上级下达的任务,坚决保时保量地完成。收到的灾害天气预警信号,第一时间转发给全体教师,并要求各班班主任把消息第一时间转达给每一名家长和学生知晓。多次推送到学校微信公众平台,给更多的人提供警示新闻,提示注意安全。

访问: 校医是怎样为学校及师生服务的?

关珊珊：时刻关注上级的通知，保证上传下达到位，确保初中部工作顺利进行。保证手机时刻开机状态，接听班主任电话，处理班级突发状况，按照程序执行。统计教职工和学生数据。早入门工作，确保学生入校身体健康。处理学生伤患，及时收取晨检及通风，按要求核实学生复课材料，做好因病缺课学生跟踪工作。

后勤故事

以管理促服务　以服务塑形象

个人简介

桑茜

中共党员，一级教师，哈尔滨市模范教师，哈尔滨市先进工作者，哈尔滨市实验学校第一党支部书记，办公室主任。

落实责任担当　贯彻服务意识

　　桑茜老师2015年8月来到实验学校工作，2017年8月调到校办这个综合部门。校办是学校行政管理的综合协调部门，是学校的对外窗口，同时校办的工作性质是忙碌、琐碎的，但桑老师始终让自己保持一个健康、乐观的工作心态，做到工作态度积极，工作情绪稳定，严格要求自己，在日常事务管理、后勤协助、学校宣传等各方面积极开展工作，认真履行学校的职能，上传下达、协调管理、保障学校各项工作有序开展，发挥了积极作用。本着对学校负责，对每一项工作负责，对每一位教职员工负责的态度，踏踏实实做好本职工作，并在实际工作中逐步提高校办的工作质量。校办的主要工作有以下几项：

协调职责：做到上传下达、上下紧密配合、步调一致，重要工作部署，桑老师都会主动去了解，统筹平衡，及时沟通，统一协调避免各部门有冲突现象。相互协调下，各部门的领导能够做到工作不管轻重，任务不分你我，以学校总体利益为重，各科室之间配合比较默契。

会议管理：不论是全校教师参加的大型会议，还是部分教师会议，以及领导班子成员参加的小型会议，桑老师都是会前及时通知、会中准确记录、会后及时落实。

接待工作：这是办公室必不可少的日常事务工作，实验学校接待过多次的省、市、区领导的莅临，俄罗斯友好学校，各区县学校来校参观等，桑老师每次都会细致、周到地准备，保证接待工作的顺利完成。

档案管理：人事档案和文书档案的规范和管理工作。及时、有序地处理上级各种文件和网上文件的收发、传阅和分类归档整理，学校各种请示与报告的分类呈送，落实了校内文件签阅制，做好了校内各部门工作总结与计划的收集整理。

公章管理：本着严肃、认真、细致的原则，每次用公章前桑老师都会询问用章事由，不能决定时报请校长批示，用后详细填写用章记录。

日程安排：学校每周的日程安排是在学校工作计划和校务会议精神的基础上制定出来的。每周按时制定日程安排表及时在周末发送到本校的微信和qq群中，以便让全校老师知晓。

完善考勤：学校办公室负责教职工的考勤，要求教职工请假必须有请假条，经校长或部门负责人签名后交办公室存档。每天会以打卡机的指纹记录考察每位教职工的出勤情况，并不时地进行抽查工作，在抽查中存在的问题，会以微信的形式传到学校微信群中，用以督促各位教师，一定要按时上岗，

守时下班。

招生工作：教育局利用互联网开发新的软件来开展"哈尔滨市教育云平台"招生工作，因此对于负责招生老师来说工作量加大。首先，招生老师需要先试先行，弄清报名的流程。只有熟练掌握才能够更好地为家长答疑解惑。负责招生的教师需要定期参加招生培训会议，明确报名和审核步骤以及操作中可能存在的问题。因为实验学校是九年一贯制学校，小学、初中招生工作都有涉及，校办教师邹本金、毛毳、刘琳、王歌四位教师也参与其中，共同协作进行招生审核工作。家长面对新的报名形式疑惑多多，电话咨询源源不断，校办教师会积极、耐心对家长的问题进行解答和指导。在审核时，为了确保每位学生报名信息的准确，校办教师会反复对提交上来的信息进行核对，一遍遍、一步步认真筛查，遇到问题第一时间向上级反馈，保证了招生审核工作按时保量完成。

虽然校办的工作忙碌，但充实又快乐，校办教师有序、顺利完成了各项工作，每位教师都在自己的岗位上勤勤恳恳，每日坚守。在以后的工作中，桑老师和她的团队会进一步增强责任意识、服务意识、效率意识、创新意识，努力做好办公室的工作，同时不忘对理论、业务知识的学习、提高自身修养和业务水平。桑老师有信心、有决心做好办公室的工作，努力在自己的岗位上砥砺前行，在成长的道路上发光发热。愿与大家共创美好未来，迎接实验学校辉煌灿烂的明天。

个人简介

关珊珊

初一级教师，中学体育教师，初中校医。哈尔滨市四有好老师。

勇往直前　迎难直上

——哈尔滨市实验学校初中部校医工作

2020年是令人终身难忘的一年，这一年让关珊珊老师有了很大的转变。感恩这一年，让她在经历中成长；感谢这一年，让她知道人生处处有磨难，大家要迎难直上敢担当。

校医在这个时期扮演着非常重要的角色，繁杂忙碌的工作让关老师经历着一点一点的改变。记得刚开始的时候，区里下发的通知要统计整个学校的排查表，初中部所有教师和学生的排查工作就落到了关老师一个人的身上，每个人的排查表里涉及到在外未回哈的数据，现所在地，联系方式等等，统计数量之大让她瞬间感觉力不从心，满满的愁烦感充斥着她的脑海。在和班主任们的沟通中也不顺畅，搞得关老师很狼狈，唉声叹气。记得最晚的一次，关老师统计数据到凌晨两点，躺下睡觉的那一刻她感觉心情沉重，因为没有做完工作心里发慌，早起头昏昏沉沉，比一晚没睡还要累，这种心力憔悴的感觉真的很难受。

除了每天的统计工作，每天还要在学校门口进行测温，凡进入学校的学生及教职工都要保证进入校园时是正常的体温。测温工作是半个小时。时间虽不长，就怕有当头的太阳、瓢泼的大雨和凛冽的暴雪，不管天气如何都要坚守在测温的岗位上。

在关老师迷惑郁闷之时，她看到了每个人的努力拼搏，看到了同仁忙碌的身影，家人的劝解在耳边回响："你这是做贡献，你要调整自己的心情和状态，这样才能有好心情完成工作。"这让她逐渐变得舒心。当她看到国家在危难之时涌现出的英雄们，他们为了国家和人民迎着危难奋勇向前，作为校医能在这个时刻奉献自己的一点力量，保证学校的工作顺利进行，碰到问题不逃避，遇见困难迎难直上，不能总是抱怨，抱怨不能解决任何问题，否则只能让自己陷入更难得境地。

慢慢地，关老师就从这种烦躁中走出来了。起早贪黑接到紧急任务是常有的事，面对突如其来的任务时她开始给自己加油打气，调整好心态，然后看任务内容来发通知，接收家长、班主任发来的数据，再次统计所有数据，最后发送给上级，就这样一步步地按照顺序来进行上报工作。每天保证学校后勤工作服务到位，这种生活练就了她的性格和面对事情时的解决能力，锻炼了她的沟通和协调能力，帮助她在工作生活中慢下性子，放下烦躁，脚踏实地的进行工作。

现在的关老师，不怕苦不怕累，不怕工作不怕任务。困难帮助了她，放下坏习惯走向新生活，环境成就了她，摒弃旧思想迎来新使命。加油吧，实验人，勇往直前永不退缩。

个人简介

方雪

二级教师，美术教师，陶艺社团讲师，优秀讲师教学能手。荣获2021—2022年"至善杯"青年教师展示大赛一等奖。

万众一心　共克时艰

2020年的开始，就一直牵动着全国人民的心。也正是因为特殊时期的影响，2020年第一学期延期开学，接到复工消息的方雪老师返回哈市为开学做准备工作。

就在开学的第一周，孙冠英主任在微信上给方老师发了一条消息，询问她是否愿意接受校医工作。方老师内心是有些犹豫的，但是想到了学校需要她，在这个紧要关头，她也能为实验家人贡献一份自己力量，便接受了这份工作。

刚开始接受校医工作的时候，方老师基本处于发蒙的状态。作为一名年轻教师，又兼职了一个自己完全不了解的工作领域，她想到的解决办法就是：学习——多看，多实践！方老师和校领导们一起迎接开学上课检查十余次，并且跟着大家一起复学演练。记得那天同为校医的关珊珊老师汗水湿透了医用手套，但她没有丝毫怨言。几个年轻教师就这样一路跟着关老师，过关斩将，一边摸索一边学习，为学生们的开学工作做好准备。

时间过得也很快，转眼初中毕业班已经准备开学了。但是在复课前的卫

生检测、班级消杀等工作又是一整套流程，在后勤高阳校长和王彦文主任的帮助下，老师们顺利地进行了初中毕业班的全体教职工和学生的核酸检测。在开始检测前，四位校医收齐了三至九年级的学生及家长信息，并且核对每个学生身份证号码、家庭住址及往来信息，共计三千余人。在检测过程中，老师们要穿好防护服，戴好防护镜和手套，每十分钟就要进行酒精喷洒消毒。同时及时联系各位学年主任，按照表格顺序带领学生及教师进行检测。除此外，我们还建立了师生健康台账，每天早晨，无论下雨还是艳阳，在学生们入校之前，校医老师都会准时在门口准备好为孩子们测量体温。开学后，依然按照以往的经验进行工作，组织学生体检和对日常小意外情况的处理。

在日复一日的工作中，踏实做事，才能体现自己的价值，和同伴们团结协作，才能让自己快速成长。校医这份工作让方老师在这段时间学习成长，身为90后，能在单位需要的时刻奉献自己的力量，她倍感自豪。

实验后勤守护家园　　实验前行坚实后盾

个人简介

高垚

一级教师，国家二级武术运动员，国家散打段位四段，曾获得哈尔滨市拳法散打比赛冠军。现任哈尔滨市实验学校一学年、二学年体育教师，散打社团讲师。

坚守校园安全防线

——哈尔滨市实验学校后勤工作

做好校园的各项后勤保障工作不仅是每一位后勤人的职责，更是校领导和全校师生的期待。作为后勤人，高垚老师脚踏实地，身体力行，为校园贡献出一份微薄之力。

一、物资发放有保障

高老师负责学校师生物资的发放。从物资的领取到发放，整个过程都有翔实的记录。根据学校要求，后勤为每班配备了口罩、消毒液、额温枪等物资。这期间他做了大量工作，做到组织有序，发放及时。

二、确保通信促交流

高老师负责上级领导单位与学校间往来信件传递工作。这项工作至关重要。同时他也负责物资取送。每天他在校沟通群内及时收发消息，第一时间取送材料。同时第一时间和领导报备领回的物资，并确保数量无误登记。

三、协调通勤供便利

为了保障教师们日常上班顺利到校，高老师提前统计教师们坐车的地点与位置，为其选择最适合的通勤车路线并与通勤车司机反复确认行驶路线与到达每一站的时间。精细化的工作确保每位教师出行安全，保障教学工作顺利进行。

四、校园安全有保障

高垚老师担负起整个学校清洁、消毒消杀工作，以及校园卫生安全工作。每天监督物业保洁人员定时定点卫生清扫、消毒消杀。保障三栋教学楼和体育馆每一处的卫生安全。

此外，后勤部门每日的工作也很繁重。消杀工作工作要求量化，每天工作人员按科学配比方法自行调配84消毒液。放学等全校师生离校后，由高阳副校长带领进行消毒消杀工作，有效地保障了校园卫生安全。

五、保驾护航不放松

高老师还负责教学楼卫生间改造现场跟踪监督工作、学校各项工程招标的前期对接工作、对接校门口交警出勤时间工作等。

学校后勤工作是学校工作的重要组成部分，为学校教学工作顺利进行、开展各项教育教学活动提供有力的保障。在校领导的直接领导下牢固树立服务意识，确保服务形象，努力提高职工思想道德水平，以高度的责任感和主人翁意识投入到后勤工作中。经手的多方面后勤工作，锻炼了高老师的工作能力，同时也提升了他处理问题的能力。按照特殊时期制订的工作计划和总体要求，高老师尽全力做好后勤服务工作，为紫冰花少年们保驾护航。

实验后勤守护家园　　实验前行坚实后盾

| 个人简介 |

何宇龙

共青团员，哈尔滨市实验学校后勤干事。主要负责本校安全保卫、设施设备维修管理、环境卫生管理等工作。

精细后勤服务保障　　筑起校园坚实城墙

——哈尔滨市实验学校后勤干事

全力服务教育教学，为校园营造舒适安全的工作氛围是实验后勤人的职责。一直以来，何宇龙老师遵循学校总体工作思路和后勤工作计划，把后勤工作做细做实，统筹兼顾，以细致、精致、极致的工作目标不断夯实后勤服务保障，筑起校园坚实的城墙。

一、维护设备　保障教学正常进行

何老师主要负责全校水电设施设备的维修维护工作，让设备正常运转，随时应急处突是后勤工作的重中之重。掌控设备的运行状况，定期对易发生泄漏的水管、水龙头进行检修更换，电子白板、电脑等设备的维修维护工作。及时处理各类零星的维修工作，小到一颗桌子上的螺丝钉，大到大型的用电设备都在后勤人的管辖范围内。凡是影响到教学工作的事都要及时处理，哪有问题就立即进行维修，配合政教、教务开展工作，基本做到一线问题需要后勤协作的，随叫随到。力争做到解决问题快、不留尾巴，将服务真正做到实处。

二、保护校园　日常巡查排除隐患

安全工作是学校的重中之重,包括日常安全隐患排查、消防设施检查、全校师生安全教育和宣传等工作。像生活用水泵房、网络机房、电闸箱开关,都在检修范围之内,每日派专业人员进行巡查记录,对存在安全隐患的进行整改,切实保障广大师生的生命财产安全,营造平安、和谐的学习氛围。

三、固定资产　清查登记精细管理

学校物资采购验收工作,定期盘点库存,核实后按照审批制度进行,避免出现谁需要就采购的无序状况,每学期对学校资产进行清查,核实每个屋子的资产账、实物、标签是否一致,管理好学校的每一件物品。